未《み》徹《てつ》在《ざい》

「組織のなかのリーダー」の在り方

栗山英樹 著

苫前町
HAYA
7

NIPPON
FIGHTERS
ホクレン
FIGHTERS

80

						23			
水	練習	(木便) 15:00	上A			24			
木	練習	(:) 13:30	D			25			
金	練習	(:) 14:00				26			27
土	CS 1st 18:00		1L			27		21	
日	: 14:00		HE			28			
月	: 14:00		BS			29			練習
火	CS ファイナル		T			30	水 M(札幌) 18:00		
木			H			31			14

まず隅より
始めよ。

至誠にて動ずるも
まだこれあらざるより

志し気魄を忘子間
よて本ソ立フ

できる人こそ
やってはいけない

"血戦に何か
練習は常なり"

球・礼に上者も，何んでも
一塁まで向う。7
突進しなければならない。

夢ある者に理想あり
理想ある者に計画あり
計画ある者に実行あり
実行ある者に成功あり
故に夢ある者に成功なし。

一生命 我々の魂魄

死して屍を残す。

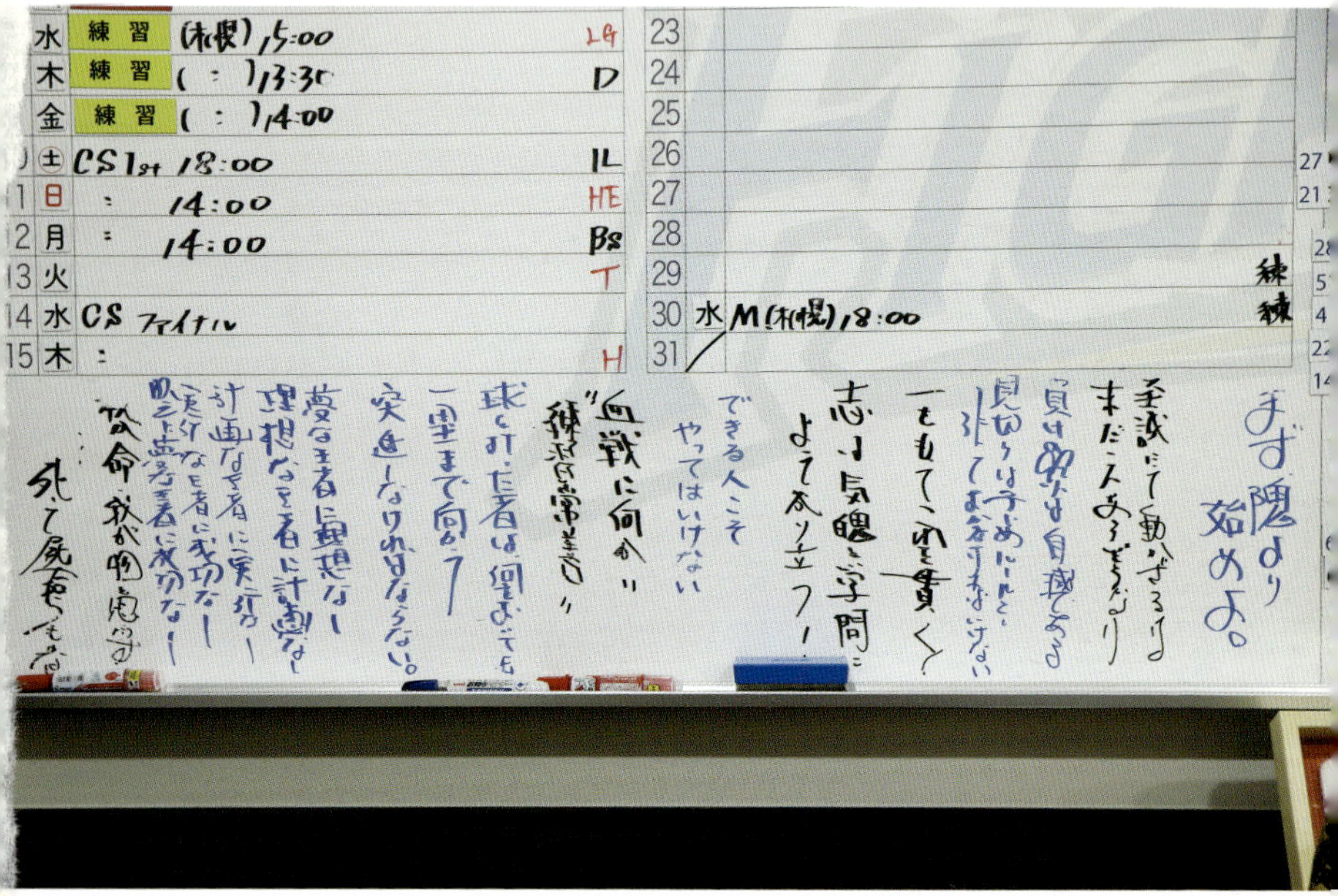

未《み》徹《てつ》在《ざい》

「組織のなかのリーダー」の在り方

栗山英樹・著

目次

« contents

栗山英樹　HIDEKI KURIYAMA

1961年4月26日生まれ。東京都出身。創価高校、東京学芸大学を経て、84年にドラフト外で内野手としてヤクルトスワローズに入団。1年目で一軍デビューを果たすと、スイッチヒッター、外野手に転向した2年目には29試合に出場。翌86年には107試合、4本塁打、規定打席不足ながら打率3割1厘、88年には3割3分1厘と活躍。はじめて規定打席に到達した89年にはゴールデングラブ賞を獲得。90年のシーズン終了後、ケガや病気が重なり惜しまれながらも引退。引退後は、解説者、スポーツジャーナリストとして『報道ステーション』『Get Sports』（ともにテレビ朝日）『熱闘甲子園』（テレビ朝日／朝日放送）などで活躍。分かりやすく、理論的な語り口で人気を博した。また、白鷗大学で教授として教鞭をとるなど、元プロ野球選手としては異色の肩書きを持つ。2011年オフ、北海道日本ハムファイターズ監督に就任し、来季で5シーズン目となる。

まえがき

いつの世も、時代に人が選ばれていく

監督という仕事にはやはりリーダーのイメージがあるのか、最近、「理想のリーダー像」を尋ねられることがある。

古今東西、数多《あまた》いるリーダーのなかで、最も理想に近い人物は誰か？

質問者の期待に沿う答えでなかったら大変申し訳ないが、リーダーといわれてパッと思い浮かべるのは、やっぱり戦国時代の三大名将、織田信長、豊臣秀吉、徳川家康の３人である。とやかくいわれようが、形を作ってあげるのがリーダーだと思うからだ。

有名な句がある。

「織田がつき　羽柴がこねし天下餅　座して喰らうは徳の川」

この句は、３人の戦国武将が天下統一にどのように関わったのかを見事に表現したものとされている。

織田信長が準備し、豊臣（羽柴）秀吉が成し遂げた天下統一を、じっと待っていた徳川

家康が手に入れたという流れだ。

本当のところは分からないが、それぞれに大義はあったと思う。この国から戦をなくして、民をなんとかしようと思ったから、トップになろうと思ったはずだ。それは3人とも一緒なんだと思う。きっと時代が彼らを求め、そうさせたのだ。

最初に壊す人がいなければ何も生まれないので、壊す役を担わされたのが信長。

それをうまくまとめなければいけなかったので、まとめ役を担わされたのが秀吉。

さらにそれを長期的に継続させなければいけなかったので、安定させる役を担わされたのが家康。

その役目に合う人が選ばれていただけなんだと思う。もし、家康が信長より30年早く生まれていたら、家康はなんでもなかったのかもしれない。いつの世も、時代に人が選ばれていくのだ。

ちなみに、この3人のなかで一番好きなのは誰かと問われたら、自分と最も違うタイプに思える信長の名前を挙げる。僕に一番足りないものを彼は持っているような気がする。だから、憧れる。

それでは、いまはいったいどんな時代なのだろうか。

いろんなものが流通して、溢れて、裕福になって、贅沢になって……。ひと通り何かが生まれて、それが新しく生まれ変わらなきゃいけない時期にきているような気がする。本当に大切なものは何なのか、人としてどう生きるべきなのかを、みんなが問われている時代だ。

そもそも時代に寄り添っていなければ、何事も長続きはしない。時代とかけ離れてしまったものは淘汰されるのみ、それが世の常だ。

そして、野球界もまったく同じなんじゃないかと思っている。

野茂英雄《のもひでお》というパイオニアが海を渡って、今年でちょうど20年になる。あれから次々と日本人メジャーリーガーが誕生し、ある程度やれることが分かり、思うようにならないことも分かり、いろんなことがひと通り起こった。

そういった流れを経て、これからプロ野球はどこへ向かうべきなのか。アイスホッケーのような組織化されたアジアリーグを発足させるべきなのか。それともアメリカと融合して、ワールドシリーズの勝者と日本シリーズの勝者が真剣勝負を繰り広げる、真の世界一決定戦をやるべきなのか。

また、１００年の節目を迎え、高校野球も見直されている。変わらないでいることと、変わらなきゃいけないことの、両方の責任を問われている。

「さぁ君たち、次は何を見せてくれるんだい？」って、野球の神様に試されているような気がしてならない。

本書は僕がファイターズの監督になって3冊目の著書になる。1年目（２０１２年）にリーグ優勝を果たし、2年目に最下位。去年と今年はクライマックスシリーズで敗退してしまった。天国と地獄を味わいながら、悩みに悩み、考えに考え続けた。そうしたなかで、いま、見えてきた「監督」というもの——皆さんの考えるところの「リーダー」のようなものだろうか——について記してみたい。

» chapter 1

第1章

「負け」は99を教えてくれる

「未徹在」であることを忘れない

毎年、1月1日の恒例としていることがある。自分との約束事を記すことだ。これは監督1年目の元日から続けてきた。たとえ大きな目標は達成できなくても、自分と交わした約束だけは必ず守らなければならない。

ある意味、これを続けることは心の弱さの表れともいえる。自分は弱い人間だということを知っているから、しっかりと書き記すことで固く約束させようとしているのだ。

そして、その内容はほかの誰も知らないはずなのに、それがブレ始めるとなぜか不思議とネガティブな空気が伝わり、周囲にまで不安な気持ちを抱かせてしまっているような気がしてしまう。

吉田松陰はこう言っている。

「人間たる者、自分への約束を破る者がもっともくだらぬ」

松陰の言う、そのくだらない人間にだけはなりたくない。

今年はその最初の一行に「未徹在《みてつざい》」と記した。未《いま》だ徹せず、つまり未熟だということを自分自身に言い聞かせる言葉だ。

監督になって4年間、いかに未熟であるかを意識し続けなければならない、ということを痛感してきた。そもそも、いつまで経っても徹して到達することなどありえず、己の未熟さに気付くからこそ、助力を得て人生を深めることができる。「未徹在」であるがゆえに、また頑張れるのだ。

未熟であることを意識し続けること、それは「負け」に学ぶことにほかならない。

「勝ち」は1を教えてくれ、「負け」は99を教えてくれる。

まずここでは、監督として過ごした4年間を振り返り、そこで学んだこと、そして2015年シーズン、特に印象的だった教訓について記していく。

自分への約束を果たすためにも、だ。

監督1年目
【2012年　74勝59敗11分　勝率5割5分6厘　1位】

緊張は、即断即決の触媒になる

監督になった最初の年のことは、いま思い出しただけでも汗ばんでくる。

29歳で引退してから、まったく現場経験のなかった自分が、22年ぶりにユニフォームを着ることになった。しかも、監督として。現役時代、一流選手でもなかったことを考えると、普通はありえない話だが、それがどういうわけか現実となってしまったのだ。

チームには、ダルビッシュ有《ゆう》という絶対的なエースが抜けた穴をいかにして埋めるか、という大命題があったが、選手たちにとっては、それよりもむしろ「うちの監督、大丈夫か?」が心配のタネだったかもしれない。

実際、新監督は大いにテンパっていた。選手にアドバイスをひとつ送るにしても、本当にこれでいいんだろうかと不安がよぎり、いつも怖かった。試合では、サインを出すにもいちいち緊張していたし、ピッチャー交代の決断に至っては毎回が人生の一大事、といった調子だった。監督がそんなことじゃいけない、と頭では分かっていても、自分ではどうすることもできなかったのだ。

だから、本当に最後の最後まで優勝できるとは思っていなかった。とにかく選手には迷惑をかけたくなかったので、自分が監督であることによってチームが勝てないとか、成長できないということだけは起こらないよう、ただただ必死になっていた一年だった。

そんななかで、ひとつ感じたことがある。試合中、つねに緊張していたから、そのせいで重大な判断ミスが度々あったかというと、実はそんなことはない。緊張して、血液が全身を駆け巡っていたからこそ、ベンチのなかではいつも「火事場のバカ力」みたいな状態でいられた。おかげで一球ごとに目まぐるしく戦況が変わる難しい場面でも、頭のなかは研ぎ澄まされたクリアな状態で、情報の処理能力は高まっていたような気がする。一般的に緊張するとミスしやすくなると言われるが、次々と即断即決を迫られる状況においては、かえって緊張が絶好の触媒になるということだ。

「現場」と「フロント」は時間軸が違う

3年ぶりのV奪還を果たした2012年のオフ、最大のトピックは大谷翔平《おおたにしょうへい》の獲得だった。必然的に話題はそこに集中したが、その一方で球団は大胆な改革に着手した。

右も左も分からない新監督を支えてくれた、実績ある一軍コーチが一挙に3人もチームを離れ（福良淳一《ふくらじゅんいち》ヘッドコーチ、吉井理人《よしいまさと》投手コーチ、清水雅治《しみずまさじ》外野守備走塁コーチ）、コーチ初経験となる3人が新たに加わった（阿井英二郎《あいえいじろう》ヘッドコーチ、黒木知宏《くろきともひろ》投手コーチ、大塚光二《おおつかこうじ》外野守備走塁コーチ）。これには、経験豊富なコーチ陣へ、ある意味一年間おんぶにだっこの状態だった監督に、もっと自分自身で考えさせ、成長を促そうとする球団の狙いがあったのかもしれない。加えて、球界全体を俯瞰した、指導者の育成という観点もあったと思う。

また、選手もオリックス・バファローズとの間で、2年連続ベストナイン、4年連続ゴールデングラブ賞の糸井嘉男《いといよしお》を含む2人対3人の大型トレードを成立させ（糸井嘉男、八《や》木智哉《ぎともや》⇔大引啓次《おおびきけいじ》、木佐貫洋《きさぬきひろし》、赤田将吾《あかだしょうご》）、球界をあっと驚かせた。

普通、勝って組織は壊さない。優勝という結果は、組織が有効に機能した何よりの証しだ。次も勝とうとするには、それをキープするのがまずは近道というものだろう。

だが、ファイターズは勝ったから壊す、そういう球団だ。勝つと、時間的な余裕が生まれる。それをチャンスと捉え、あえて壊す。スクラップ・アンド・ビルドだ。そうしなければ長いスパンで見たときの次への準備が遅れてしまう、そういう考え方が根っこにある。チームの現場と球団のフロントでは、実は価値観の時間軸が異なっている。我々現場はいま優勝するために戦っている。そのために大事なのは、今日勝つことだ。

一方のフロントは、もちろんいま優勝することも重要だが、それと同時に優勝を狙えるチームを継続的に作り続けていくことを最優先に考えていかなければならない。そしてそのチームは、ファンに愛される魅力的なチームでなければならない。そういった5年先、10年先を見据えた明確なビジョンを持っていなければ、あえて壊すという発想は出てこないはずだ。

組織を壊すと、余計なことがいっぱい起こる。でも、余計なことが起こらないと、何がよくて何が悪いのか、何が必要で何が必要じゃないのか、そういったものが見えてこない。それを得るためには、多少の混乱や犠牲もやむなしという姿勢だ。

監督という立場は、現場とフロントの間に立つ中間管理職ともいえる。ゆえに、壊すことの意義を理解し、壊される現実を受け入れたうえで、いかにして今日勝つかを考えていくしかないのだ。

「優勝した、壊された」。そんな最初の一年だった。

the lesson of defeat

監督2年目
【2013年　64勝78敗2分　勝率4割5分1厘　6位】

自分で納得しない

1年目に勝てたことには、それ相応のプラスと、大きなマイナスもあった。

まずプラスは、誰もが懐疑的な目を向けていた現場未経験の監督に対する逆風が、いったん収まってくれたこと。言うまでもなく優勝は監督の手腕によるものではなく、選手たちの頑張りがすべてだ。これには選手たちへの感謝しかない。ただ、その頑張りに結果が伴わなければ、そんな監督を起用した球団は批判に晒《さら》され、少なからず戦いにくくなっていたことだろう。それが一時的とはいえ解消されたのは、個人的にもチームとしてもメリットがあったといえる。

一方、大きなマイナスとなったのは、最初に勝ってしまったことで、2年目ははじめから「勝てる前提」になってしまっている自分がいたことだ。昨年（2012年）、ああいうことができたんだから、大谷加入のプラスアルファがある今年（2013年）も必ず勝てる、本当に連覇できると思っていた。

でも、現実は厳しかった。開幕戦こそ、まずは8番ライトで野手デビューした大谷の、2安打1打点という活躍もあり、埼玉西武ライオンズに勝利したが、その後は投打の歯車がまったく噛み合わず、失速。5月には約半月もの間、勝利から遠ざかる屈辱の9連敗を喫し、借金は二桁にまで膨れ上がった。

いまになって思うが、あのとき、次第に借金が増えていく現実を、どこか受け入れてしまっている自分たちはいなかっただろうか。こういうこともある、と妙に納得してしまっている自分はいなかったと言いきれるだろうか。

人間は弱い生き物だから、自分を楽なほうに理由付けしてしまう。「去年勝ったんだから、今年は成長する時期だ」といったように。

第三者がそう評価するのは間違いではないが、自分がそう納得してしまったら、それは逃げだ。最後の最後まで1ミリたりとも受け入れずに、何とかしなければいけなかった。そんなことに気付かされたのも、シーズンを終えてからのことだった。

ファイターズが北海道に本拠地を移してちょうど10年目、はじめての最下位という結果は、ファンの皆さんに本当に申し訳なかった。そしてそれは、ある意味、なるべくしてなったものだったのかもしれない。我々には足りないものが多すぎた。それくらいの屈辱を味わわなければおまえたちは変われない、そう野球の神様に言われていたのだろう。

選手のことを本当に愛しているんだったら、とことんやらせなくちゃいけない。やらせないんだったら、使っちゃいけない。そういう覚悟みたいなものをさせられた最下位だった。そうしないと、こんなふうになっちゃうんだよ、と。

ただ、てっぺんとどん底を見られたことには大きな意味があった。その落差があったことで、選手には無理を言えたし、彼らもその自覚があるから聞き入れざるをえない。

悪いことは、悪いだけではない。

何事も表裏一体で、それをどう生かすかがすべてになってくる。

ネガティブがポジティブを生む

この2013年は、9月28日にバファローズに敗れBクラスが確定した。137試合目、残すところあと7試合だった。裏を返すと、あくまでも数字的にはということになるが、そこまではAクラス入りの可能性があったということとなる。

それにもかかわらず、最終的に6位という結果に終わった戦力的な要因はどこにあったのか。やはり痛かったのは、中田翔《なかたしょう》の戦線離脱だ。

8月21日の東北楽天ゴールデンイーグルス戦、中田は左手の甲にデッドボールを受け途中交代。検査の結果、左第5中手骨の亀裂骨折で、ペナントレース中の復帰は絶望的という重傷だった。この時点でリーグトップのホームラン数、28本を記録していたが、初のホームラン王のタイトルも露と消えた。

あの年の中田は、疲れていた。前年、はじめてシーズンを通して四番を務め、チームを優勝に導いた。そして、球界を代表するスラッガーとして、2013年は3戦行われたオールスターゲームにも、全試合出場した。

おそらく疲れが抜けず、ストレスを溜め込んでいたのだろう。決して調子が悪いわけじゃないのにバットは湿りがちになり、そんな自分に納得がいかずもがいているうち、気付けばすっかり本来のバッティングを崩していた。そういった心のほつれを、うまくもっていってやるのが我々の仕事なのに、それができなかった。

そして、そのストレスからくる集中力の欠如が、あの骨折につながったと思う。心身ともに研ぎ澄まされているベストコンディションの彼であれば、最悪の事態は回避することができたはずだ。

スポーツの世界に「たられば」は禁物だが、もし中田の離脱がなければ、クライマックスシリーズに進出していた可能性は十分にあったと思っている。実際には、主砲を失ったファイターズは踏みとどまることができず、それ以降14勝24敗1分けと一気に下降線を辿った。

ただ、球団があえて組織を壊したことにも通じるが、中田にあのアクシデントがなく、ボロボロの状態でもどうにかAクラス入りを果たしていたとしたら、チームの改革はものすごく遅れていたかもしれない。実は彼が戦列を離れた翌日、2年目の近藤健介《こんどうけんすけ》を1番ライトで先発起用し、次の日には、プロ初スタメンとなる同じく2年目の石川慎吾《いしかわしんご》を8番ライトで使っている。不動の４番がいたら、あそこまで思いきった若手の起用はできなかっただろう。状態云々を度外視してでも、中田翔という存在に頼っていたはずだ。

ちなみに、この２年後（２０１５年）の今シーズン、近藤はチームでダントツの打率を残し、石川慎も貴重なサウスポー・キラーとして大きな働きを見せてくれるまでに成長した。ネガティブをポジティブに変換するきっかけは、こんなところにもある。

the lesson of defeat

監督３年目
【２０１４年　73勝68敗３分　勝率５割１分８厘　３位】

ベテランが健在であるときこそ若手を育てる

２年目の最下位は、もうひとつ別な手応えも残してくれた。はたから見ていると、ＡクラスとＢクラス、特に上位と最下位とでは大きな戦力の差があるように映るけれど、現場の感覚的にはそうでもない。

イーグルスが日本一に輝いたあの年（２０１３年）、24勝０敗という大記録を打ち立てたエース・田中将大《たなかまさひろ》に、８つもの白星を献上してしまったのは我々ファイターズであり、早い段階で一度でも彼を攻略することができていれば、シーズンの流れはまったく違うものになっていたかもしれない。

いずれにしても、全員が持てる力を発揮して、一年間気持ちをひとつにして戦うことができるかどうか、それによって順位が決まってくるのが長いシーズンを戦うプロ野球であり、そもそもの戦力にはそんなに大きな差があるものではない。最下位を経験したことによって、改めてそれが実感できた。だから、１年目に優勝、２年目に最下位ときた３年目は、絶対にまた優勝してやろうと思っていた。

その一方で、チームは大きな世代交代の過渡期に差しかかっていた。この年で42歳になる稲葉篤紀《いなばあつのり》、39歳になる金子誠《かねこまこと》、ファイターズの象徴とも言うべきふたりには、確実に引退のときが近付いていた。それを考えても、急務なのは能力のある若手選手を、いかに一軍で結果を出せるように育てるかだ。できればベテランが健在なうちに、彼らに経験を積ませておきたい。その時間を一番短縮して前に進めようとしたのが、２０１４年のシーズン前半だった。

7月16日、オールスター前のラストゲームは、旭川でライオンズを破り、42勝40敗1分けと貯金を持って前半戦を終えることができた。

3日前、左膝にデッドボールを受けた中田がラインナップから外れたこの試合、スタメンは次の通りだ。

1番ライト・西川遥輝《にしかわはるき》　22歳
2番セカンド・中島卓也《なかしまたくや》　23歳
3番サード・近藤健介　20歳
4番センター・陽岱鋼《ようだいかん》　27歳
5番指名打者・ミランダ　31歳
6番ファースト・稲葉篤紀　41歳
7番ショート・大引啓次　30歳
8番レフト・谷口雄也《たにぐちゆうや》　22歳
9番キャッチャー・大野《おおの》 奨太《しょうた》　27歳
ピッチャー・大谷翔平　20歳

西川、中島、近藤、谷口、そして大谷と、20代前半の選手がズラッと並んだ。こういった陣容でひとつでも多くの勝利を積み重ねていくことが、自然な形でチームを若返らせることにつながる。

この年、前年は332打席だった西川が637打席に、同じく272打席だった中島が461打席に立ち、ともにはじめて規定打席を突破、シーズンを通して戦えることを証明してくれた。彼らがこれからプロの世界で生き抜いていくための、自分なりの方向性みたいなものを見出し始めた、そんなシーズンだったといえた。

the lesson of defeat

強いとき、意識付けは勝手に行われる

ペナントレースを首位と6・5ゲーム差の3位で終え、クライマックスシリーズのファーストステージは、優勝した福岡ソフトバンクホークスを上回る80勝を挙げながら、勝率わずか2厘の差で2位となったバファローズと対戦することになった。

シーズン終盤には、9月2日に稲葉が、27日に金子が、それぞれ現役引退を表明していたため、チームが敗退した日が、彼らがユニフォームを脱ぐ日になる、そんな状況を迎えていた。金子はメンバー登録こそされていなかったものの、サポート役として最後までチームに帯同していた。

長年チームを支えてきてくれたふたりのためにも、何がなんでも負けられない、勝ち進んで一日でも長く一緒に野球をやっていたい。そのみんなの気持ちが、期せずしてチームの一体感をさらに強固なものにした。

いまさらながらではあるが、プロ野球選手がいかに野球が楽しいか、いかに勝つことが嬉しいか、ということまで感じながらプレーしていたはずだ。

チームの中心選手となった陽岱鋼や中田翔も、2年前に優勝したときはまだ「させてもらった」という感覚だったと思う。それこそ稲葉や金子といった経験豊富な先輩たちに引っ張られ、気が付いたら頂点まで登りつめていた。

それがこの年は、明らかに違っていた。フレッシュな顔ぶれを牽引していたのは紛れもなく彼らであり、自分たちがチームを勝たせるという感覚がはじめて大きな喜びになっていったのではないだろうか。

そして、京セラドームでのファーストステージ、第1戦はバファローズのエース・金子《かねこ》千尋《ちひろ》から3点を奪い、その後も追加点を重ねて先勝する。先発の大谷は決して満足のゆく出来ではなかったが、6回3失点でポストシーズン初勝利を挙げた。

続く第2戦は、1点リードで迎えた8回裏、3番手の谷元圭介《たにもとけいすけ》がふたりを歩かせたあと、そこまで3三振だった4番・T‐岡田《おかだ》によもやの3ランホームランを浴び、痛恨の逆転負けを喫した。

これで勝ったほうがファイナルステージ進出となる第3戦、6回に代打・稲葉の同点タイムリーで追いつき、1対1の同点で迎えた延長10回表、先頭の中田が放った打球は、センターのバックスクリーン左に飛び込む決勝ホームラン。4番のひと振りで決着をつけた。

試合後、「まだユニフォームを着ることができて嬉しい」と語った稲葉の言葉が印象的だった。

選手たちの間で勝手に意識付けができている。ああなると、強い。監督は何もしなくていい。

インターバルなく、翌日から始まったヤフオクドームで始まったホークスとのファイナルステージも、激戦の連続となった。そのなかでも、驚異的な集中力を見せつけたのが、稲葉から引退会見で後継者に指名された中田だった。

第1戦、7回に同点ソロホームラン。第2戦、6回に突き放す2ランホームラン。第3戦、6回にダメ押しの3ランホームラン。第4戦はひと休みとなったが第5戦、8回に値千金の同点ソロホームランを放り込み、4点差をひっくり返す劇的な逆転勝利を演出した。5試合でホームラン4本、しかもすべて6回以降の価値ある一発で、圧倒的な勝負強さを示した。難しいボールをなんでもホームランにしてしまう、そんな印象すら与える活躍だった。

リーグ優勝したホークスのアドバンテージ1勝分を加え、3勝3敗のタイで迎えた第6戦、最後は惜しくも力尽き、日本シリーズ進出はならなかった。だが、クライマックスシリーズをフルに戦い抜いたこの9試合は、若い選手たちにとって何ものにも代えがたい貴重な経験となった。また、引退する稲葉、金子へも最高のはなむけとなったことだろう。

シーズン終盤に左すねを痛め、満身創痍の状態ながら、要所で見事な火消しを見せてくれた最強のセットアッパー・宮西尚生《みやにしなおき》の目にはうっすらと光るものがあった。チームはこれで一歩前に進んだ、そう確信したファイナルステージ敗退だった。

ホークスの秋山幸二《あきやまこうじ》監督の胴上げが終わり、我々もファイターズ応援団が陣取るレフトスタンドへあいさつに向かった。すると、稲葉のもとにホークスナインが駆け寄ってきて、両軍入り乱れての胴上げが始まった。さらに、ずっとチームに帯同していた金子も輪の中心に招かれ、背番号と同じ8回、宙を舞った。

プロ野球人の誇りは、こうして受け継がれていく。そう感じた瞬間だった。

the lesson of defeat

「できること」ではなく「やらなければならないこと」をする

あっという間に3年が過ぎた。「石の上にも3年」というのは、本来、「冷たい石も3年座り続けていれば温まる。転じて、我慢強く辛抱していれば、いつかは必ず成功する」といった意味合いで、まだ何も成し得ていない者が言うのもおかしな話だが、そのことわざが伝えようとしているものを、実感させられた3年だった。

3年続けてやってみて、はじめて気付くことはいっぱいある。監督を3年やらせてもらって、はじめて自分の置かれている位置が分かってきた。

ファイターズがパ・リーグのなかでどういう位置にいて、どういうチームで、そのなかで自分はどういうポジションにいて、何をしなければならないのか。そういったことがようやくわかってくるのだ。いままでは自分に何ができるのかを一生懸命考えて、それを必死にやるだけで精いっぱいだったが、これからは「できること」ではなく、「やらなければならないこと」をやっていく。それが冷たい石に3年座り続けて、得たものだ。

the lesson of defeat

監督4年目
【2015年　79勝62敗2分　勝率5割6分0厘　2位】

勝つために戦ってはいない

2015年、優勝できると確信して臨み、最後まで勝てると信じて戦い抜いた長いシーズンが終わった。

開幕前、周囲の評価は厳しかった。ファイターズの象徴ともいえる存在だった稲葉篤紀、金子誠のふたりが現役を引退。また、内野の要だった大引啓次、小谷野栄一《こやのえいいち》もFA権を行使しての移籍でチームを去った。

一方、主だった新加入といえば、3年ぶりにアメリカから復帰した田中賢介《たなかけんすけ》と、ドラフト1位で4球団が競合し、抽選で引き当てた即戦力ルーキー・有原航平《ありはらこうへい》といったところ。単純な足し算、引き算だけでいえば、他球団と比べ見劣りのする戦力に映ったのかもしれない。

評論家の順位予想は軒並みBクラスで、中には最下位予想まであった。前年までユニフォームを着ていた、身内といえる稲葉ですら、開幕前夜の『報道ステーション』(テレビ朝日)で、「ファイターズは3位」と予想していた。稲葉にとっては解説者になってはじめての順位予想である。正直、どうしても当てたい本音の予想だったはずだ。球団への気遣いもありつつ、それでもせいぜい3位止まりという評価だったわけだ。

では、そんななか、そのチームを率いる監督はいったいどう思っていたのか。なんて楽観的なやつだと笑われるかもしれないが、一点の曇りもなく、心の底から絶対に勝てると思っていた。開幕前にあれほど思いを強く持ったのは、4年目にしてはじめてのことだった。だからこそ、何がなんでもという気負いも相当なものだった。

気負うからには、それなりの覚悟も決めていた。今年は長いシーズンになるぞ、と。ところが、これが意外や意外、気が付けばあっという間のシーズンだった。毎日めちゃくちゃつらかったから、その分、早く感じたのかもしれない。この4年間で一番早いシーズンだった。

はたして今年（2015年）、ファイターズは79勝62敗2分けという成績でペナントレースを終えた。順位は2位だった。

優勝した2012年は、74勝59敗11分けだった。74回しか勝てなくても、優勝したあの年は最高に嬉しかった。79回勝っても、優勝できなかった今年は本当に悔しかった。つまり、我々は試合に勝つためではなく、優勝するために戦っているということだ。

元日、自分との約束に「未徹在」の3文字を記し、いかに未熟であるかを意識し続けることを自らに課した。プロとプロがしのぎを削るこの世界、年間140試合を超える真剣勝負を繰り返していくなかで、そのすべてに勝利することなどありえない。つねに負けから学びを得ることが次の勝利につながる。その積み重ねが優勝という結果なのだ。だからこそ、未熟さを謙虚に受け止め続けることができれば必ずそれは結実する、そう信じていた。

そこでここでは今年の戦いのなかから、そんな敗北の苦い記憶だけを拾い集めてみた。ファイターズファンの皆さんには思い出させるのも心苦しい内容だが、長いシーズンを戦うプロ野球の世界、ここから目を背けていては決して前には進めない。あえて、書かせていただく。

the lesson of defeat

「絶対に負けてはいけない」試合はひとつではない

6月16日　甲子園　対阪神タイガース　4対11

テレビのスポーツニュースなどを観ていると、「天王山」という言葉をよくに耳にする。この「天王山」とは、京都の南部にある山の名前で、1582年の「山崎の戦い」の際、ここを占領した羽柴（豊臣）秀吉が明智光秀を破った故事から、勝負を決める分岐点や、運命の重大な分かれ目を「天王山」と呼ぶようになったそうだ。

プロ野球の世界では、おもに1位と2位の首位攻防戦を「天王山」とすることが多い。

優勝争いも佳境を迎えるペナントレース終盤、その「天王山」は一気に熱を帯びてくるわけだが、実はシーズンを通して、そこに至るまでにも「天王山」並みに絶対に負けられない戦いというのは、いくつもあるものだ。

そこでいくつ取れたか、いくつ落としたかで、後半戦から終盤にかけての立ち位置は大きく変わってくる。

今シーズンを振り返ったとき、優勝を逃す大きな要因のひとつとなったある敗戦があった。

敵地・広島で広島東洋カープに、本拠地・札幌で横浜DeNAベイスターズに、いずれも3連勝を飾るなど好調だった交流戦のこと。そのラストゲームとなった甲子園での阪神タイガース戦は、勝てば優勝という大一番となった。

交流戦は今年からリーグ対抗戦に重きをおいたシステムに変更され、優勝は決めないことになったが、最高勝率という扱いで表彰されることから、現場では実質的な優勝という捉え方をしていた。また、勝ち越したリーグの1位球団に1000万円、最高勝率球団に500万円が贈られるということで、あとひとつ勝てば計1500万円の賞金を手にすることができる。ファイターズでは、こういった賞金は選手だけでなく、裏方さんを含めた全スタッフにボーナスとして支給されることになっており、選手からすれば、日頃からお世話になっている裏方さんやその家族の皆さんへのお礼の気持ちを形にできる絶好のチャンスだ。

そして何よりも、ここで優勝がかかった試合を経験できるのは大きかった。しかも、優勝を争っているのは、リーグでも最大のライバルとなるホークスである。いやが上にもモチベーションは高まるというものだ。

先発のマウンドには、ここまで3勝をマークしているルーキーの有原航平を送った。だが、その有原が2回裏につかまり3点を失うと、1点返した直後の4回裏、まさかの一挙7失点。勝敗の行方は早々に決してしまった。

2度、雨天順延となったこのカードは交流戦全日程の最終戦だったため、この日行われた唯一の試合だった。しかも、優勝がかかった一戦である。ファイターズファンでなくても、全国の野球ファンが注目していてくれたかもしれない。そんな整った舞台で、絶対に見せてはいけない、ありえないワンサイドゲームだった。

試合後、「これ、日本シリーズだったとしてもこんな試合になってるのか？」とコーチに尋ねた。ピッチャーのつなぎ方も含めて、こんなふうになっているわけがない。これが日本シリーズの最終戦だったら、たとえどんなに点差が開いても、もっと必死に食い下がったはずだ。

コーチからすれば、長いシーズンの途中で、選手に無理をさせるところじゃないという意識が働いたのかもしれない。それは分かる。

でも、僕は絶対に負けられない戦いと捉えていたからこそ、わざわざ「裏方さんに賞金を渡そうよ」というメッセージまで送ったつもりだ。結局、それが伝わっていなかったというのは監督の責任なのだが、なんともやるせない、振り返ってみれば致命的な敗戦だった。ここをひとつ取れていれば、その後のシーズンの流れは大きく変わっていたに違いない。それは負けたからこそ思い知らされた一勝の重みだ。

感情のままに伝えたほうがいいときもある

7月22日　札幌ドーム　対東北楽天ゴールデンイーグルス　6対19

例年、オールスターブレイクが明けると、勝負の後半戦が始まる。今年は札幌ドームにイーグルスを迎えての3連戦が最初のカードとなった。

その緒戦、先発のルイス・メンドーサは7回2失点の好投を見せたが、則本昂大《のりもとたかひろ》、松井《まつい》裕樹《ゆうき》の両投手を攻略できず、1対3で黒星スタート。

さらに、第2戦も打線が沈黙、6回以降はノーヒットに抑えこまれ、前日と同じ1対3というスコアで連敗を喫する。

そして翌日、後半戦の開幕早々、同一カード3連敗だけは避けたい大事な一戦だったが、約1カ月ぶりの登板となった浦野博司《うらのひろし》が2回途中、よもやの9失点で降板すると、2番手のミッチ・ライブリーも8点を失い、3回までに大量17点を奪われる。

こんなとき、いったいどう振る舞うべきなのだろうか。監督になって4年、これまで試合で敗れたあとに選手たちを集めたことは一度もない。負けたから監督に怒られる、そんなムードのなかで話したところで、大切なことが伝わらないような気がしている。同じことを話すにしても、次の日の試合前、これから戦うにあたって伝えたいと思っているからだ。

ただ、さすがにこの日はマズイと思った。この3連敗を引きずってしまうと、ここまで必死に戦ってきたシーズンの流れをすべて失いかねない。そこで、翌日が移動日だったこともあり、試合後、はじめて選手たちを集めた。おそらく選手は怒られると思ったはずだ。でも、怒る気はなかった。ただ、戦えって伝えたかった。

「攻めていない。苦しいかもしれないけれど、攻めろ。オレ、納得がいかない。優勝争いしてなきゃ、面白くもクソもないんだよ」

言葉を選ぶよりも、いまは感情のままに思いを伝えたほうがよいと思った。

「明日一日あげるから、ちゃんと準備をして、明後日からちゃんとやろう」

はたして、思いが伝わったかどうかは分からないが、あそこは伝えるべきタイミングだったと信じている。

そして、移動日を挟んで、西武プリンスドームでのライオンズ3連戦、ファイターズは3連勝を飾った。しっかりとプレーで示してくれた選手たちに感謝している。

1人が喜ぶよりも、1万人が喜んだほうが大きな力になる

8月15日　コボスタ宮城　対東北楽天ゴールデンイーグルス　4対5

誤算を言いだしたらキリがないが、今シーズンの投手陣に関する誤算をあげるとすれば、やはり浦野と上沢直之《うわさわなおゆき》の不調が痛かった。

昨年（2014年）は、浦野が20試合に登板して7勝、上沢が23試合に登板して8勝と、ともに先発ローテーションをしっかりと守り、クライマックスシリーズも経験しただけに期待は大きかった。

しかし、今年はいずれも不本意な状態で、浦野は7月22日、上沢は7月28日を最後に先発の機会はなし。猛暑の8月、ふたりを欠いたローテーションのやりくりは、苦肉の策を余儀なくされた。

いつかこういうときがくると思って、しばらく中継ぎで起用していた斎藤佑樹《さいとうゆうき》を早めに一度ファームに落とし、調整に専念させてきた。

8月8日、札幌ドームでのイーグルス戦、満を持して先発のマウンドに送り出した斎藤は、今シーズン最長の5回を投げ、2失点とまずまずの内容だったが、勝ち負けはつかず。次の登板も、この時点では微妙な状況だった。

ただ、僕はもう一度、斎藤で勝負するつもりだった。一週間後、今度はコボスタ宮城に舞台を移しての同じくイーグルス戦、厚澤和幸《あつざわかずゆき》投手コーチに「アツ、もう一回オレに勝負させてくれ。斎藤を使わせてくれ」と頭を下げ、起用を決めた。

斎藤にこだわったのには、自分なりの根拠がある。

8月14日時点で、首位ホークスと2位ファイターズのゲーム差は9・5。盤石のホークスを追撃するには、大きな連勝で流れを作るしかない。その流れを作るためには、誰が勝ったらチームが「よっしゃ、行くぜ！」となるのか。その答えが斎藤佑樹だった。

人の姿や思いというのはすごく大切なもので、同じひとつ勝つのでも、1人が喜ぶのと1万人が喜ぶのでは、1万人が喜んだほうが絶対に大きな力になると思っている。だとしたら、その1万人に喜んでもらえる可能性にかけるのも勝負の考え方であり、それこそがプロ野球の魅力だ。

温かい声援も、叱咤激励も、中に混じっている冷やかしの声まですべて含めて、斎藤にはいつも相当量のエネルギーが注がれている。だからこそそれに応えたとき、大きなプラスアルファが生まれると信じている。

8月15日、再びイーグルス戦に先発した斎藤は、前回の登板を上回る出来で6回途中まで2失点、勝利投手の権利を持ってマウンドを降りた。しかし、8回裏、タフな4連投のマウンドを託した宮西が同点2ランホームランを浴び、最後はマイケル・クロッタが打たれてサヨナラ負け。シナリオ通りの勝利とはならなかった。

当然ながら、監督だからといって好き放題にやらせてもらえるわけではない。ただ、そこに根拠と信念があるのであれば、周囲の反対を押しきってでもやってみる価値はある。それが勝ち負けを超えて、プロ野球の魅力を伝えられるものならば、なおさらのことだ。

大きなものを背負う者には、使命がある

8月29日　ヤフオクドーム　対福岡ソフトバンクホークス　4対5

8月28日からの敵地・福岡での首位ホークスとの直接対決、第1ラウンドはブランドン・レアードに2ラン、田中賢に満塁ホームランが飛び出すなど、打線は12安打11得点、投げては先発の吉川光夫《よしかわみつお》から5人のリレーで1失点と、申し分のない内容で先手を取った。

だが、ダメ押しの5点を奪った最終回の攻撃、レフトに2点タイムリー2塁打を放った中田が、2塁に滑り込むのをためらったことで足をとられて転倒し、右足首を痛めた。トレーナーいわく「明日の状態を見てみないと分からない」とのこと。ひとまずは様子を見ることにした。

シーズン中、中田には全試合フル出場を課している。チームの顔として、プロ野球界の大看板として当然の責務、使命と考えているからだ。大量得点差がついた試合の終盤、もう打席が回ってこないという状況であれば、休ませるという考え方もあるのかもしれない。

本人だって「少しは休ませてくれ」と言いたくなるときもあるだろう。でも、中田翔はいつもグラウンドにいなければならない、そういう存在だと思っているからこそ、そこだけは譲れない。

翌日、コーチに確認してもらったところ、本人は「DHだったら行けるんじゃないか」と出場の意思を示しているという。何がなんでも3連勝がほしい大事な局面、自分が外れるわけにはいかないという責任感が伝わってきた。たしかに守備に就かなければ、体への負担を最小限にとどめながら、バッティングでチームに貢献することができる。しかし、中田が誰よりも肉体を酷使していることは重々承知のうえで、打って走ることができる状態であるならば、冷静な判断をも超越した確固たる覚悟をもって「大丈夫（ファーストで出る）」と言ってほしかった。

彼をDHに回したら、チーム打率トップの近藤をスタメンから外さなければならないという事情もある。だがそれ以上に、中田翔という男が真に唯一無二の存在なのだということを、いま一度彼自身に感じてほしかった。それゆえに、あえてスタメンから外す決断をした。外れることでその意味を、もっともっと強く感じてほしかった。

使おうと思えば使えたはずの4番バッターを、自分の一存で外した監督の責任は重い。

ただ、たとえそれが勝ち負けを左右することになったとしても、信念をもって決断しなければならないことはある。

そうして迎えた第2ラウンド、4点ビハインドの劣勢から8回表、先頭の代打・大谷がフォアボールを選んで出塁すると、ノーアウト満塁とチャンスを広げ、田中賢と近藤、2本のタイムリーヒットで1点差に迫る。

なおも、1アウト1、3塁という場面、ここが勝負と見て、代打に中田を送った。今年初めて、ずっとベンチから戦況を見守っていた主砲は、ホークスの守護神デニス・スコット・サファテが投じた3球目を弾き返し、レフト前への鮮やかなタイムリーヒット。意地の一打だった。

前日から、彼とはひと言も言葉は交わしていない。だが、魂のやり取りはたしかにあった。その答えがこのひと振りだった。

この試合、結果は5対4で敗れ、残念ながら連勝とはならなかった。夜のスポーツニュースはホークスの勝利を伝える。しかしながら、一方のファイターズの敗北のなかにも、大切なものはあった。大きなものを背負う者には、使命がある。それを改めて、極めて重要な戦いのなかで示せたことだ。

最大のリスクこそ、最大のチャンス

8月30日　ヤフオクドーム　対福岡ソフトバンクホークス　2対2

2対2の同点で迎えた9回表、先頭の7番・レアードがレフト前ヒットで出塁し、代走に杉谷拳士《すぎやけんし》を、さらにこの場面、ピンチヒッターというよりピンチバンターといってもいい飯山裕志《いいやまゆうじ》を代打に送る。すると、サファテがけん制悪送球、杉谷は労せずして2塁へ進んだ。

さらに送りバントが決まれば、1アウト3塁となるところだったが、飯山が珍しく失敗、ファウルフライに倒れ、ランナーを進めることができない。

1アウトとなり、杉谷は2塁のまま、ここで勝負に出る。9番・市川友也《いちかわともや》に代えて、右足首を痛めて前日からスタメンを外れている中田を打席に送る。杉谷が3塁に進んでいれば外野フライでも1点という場面だったが、1アウト2塁、中田には前夜に続くタイムリーを期待する場面だ。

サファテと中田の力勝負、誰もが固唾《かたず》を呑んで見守っていた。

ただ、ファイターズベンチは別のことを考えていた。この3連戦が始まる前、とにかくリスクを恐れず、全部勝つためにどんどん仕掛けていくとコーチたちには伝えていた。何かを起こすには、攻めまくるしかない。

2日前、11対1で大勝した1戦目でも、初回、ノーアウト1塁で、バッター・中島に、今シーズン一度もサインを出したことのなかったバスターエンドランをやらせた。結果、その回は得点につながらなかったが、いずれにしてもタネをまいておかなければいろんなことが起こらない。動かせば何かが起こる。それはリスクでもあるが、そのリスクを背負わなければ何も起こらないのだ。覚悟していくしかない。

2対2の同点、9回表1アウト、2塁にランナーの杉谷、バッターボックスには代打・中田。この場面、3塁コーチャーズボックスからサインを出す白井《しらい》一幸《かずゆき》作戦担当コーチには、あらかじめ「行けたら、行かせて（杉谷を走らせて）」と指示を出していた。

2塁にランナーを置いてバッター・中田という場面、盗塁を仕掛けることは常識的には考えにくい。考えにくいから、相手に油断が生まれると思っていた。99％ありえないからこそ、仕掛ける価値はある。

杉谷がスタート、キャッチャーが送球した時点ではアウトのタイミングだった。しかし、リスクを背負って勝負に出れば何かが起こる。さすがにありえない場面での盗塁に慌てたのか、サード松田宣浩《まつだのぶひろ》が捕球し損ない、結果はセーフ。1アウト3塁とチャンスは広がった。

走ったときは、こっちもしびれた。その緊張感がなければ、やっている意味がない。あれが野球。うちはあれをやらないと、いまのホークスとは五分に戦えない。確率では向こうに分があるかもしれないが、リスクを背負って勝負すれば五分に戦える可能性はある。野村克也《のむらかつや》さんは、「奇襲は、普通に戦っていたら勝てないから奇襲なんだ」と言っていた。まさにその通りだと思う。普通に戦って勝機が4対6なら仕掛けないが、3対7なら奇襲はある。4対6はちょっとした流れの変化で5対5にもっていける数字だが、7対3を五分五分に持ち込むのは容易ではない。そういうときこそ、奇襲の意味は出てくる。

あそこは、バッターが代打・中田ということにも意味はあった。大きなリスクを背負ってまでランナーを3塁に進めなくても、2塁にいればヒット1本でホームに還ってこられる可能性は十分にある。それでも走らせるということは、バッターにしてみれば「監督は自分を信用していないのか？」という不信感にもつながりかねない。プライドをもって4

番を守ってきた中田ほどのバッターであれば、なおのことだ。そこまで考えると、さすがに盗塁という選択肢はないだろう、そう相手が決め付けているところを狙って仕掛けた。最大のリスクこそ、最大のチャンスということだ。

あの場面、中田と、続く西川がともに三振に倒れ、決勝点を奪うことはできず、結局、延長12回、2対2の引き分けとなった。追う立場の我々にとっては、敗北同然の引き分けだ。しかしながら、クライマックスシリーズにつながるホークスとの戦いで、何をしてくるか分からないと思わせる仕掛けにはなったと思っている。

the lesson of defeat

「先付け」を怠らない

9月2日　東京ドーム　対千葉ロッテマリーンズ　2対4

今シーズン最後の東京ドームでの3連戦、初戦を取って迎えた千葉ロッテマリーンズとの第2戦は、先発の大谷が初回、いきなり角中勝也《かくなかかつや》に2ランホームランを浴び、2点を追う展開となった。

その後、お互いに2点ずつを挙げ、2対4で迎えた8回裏、先頭の8番・市川がヒットで出塁し、続く中島はフォアボール、ノーアウト1、2塁という大きなヤマ場を迎える。

中島の打席、林孝哉《はやしたかや》打撃コーチに、ある指示を与えていた。

「卓（中島）が歩いたら勝負だからね。岱鋼（陽）に言って」

ノーアウト1、2塁となれば、送りバントという選択肢もあるわけだが、あそこは迷わず勝負と決断した。手堅く岱鋼に送らせ、万が一、失敗した場合のダメージ、また成功して1アウト2、3塁となり、次の西川に託した場合の得点イメージなど、瞬時にいろんなケースをシミュレーションし、出した結論が岱鋼で勝負だった。彼は前の打席に、この試合、チーム初ヒットとなるホームランを打っていたが、その印象に引っ張られたということはない。たとえ前の打席の結果が違っていたとしても、指示は変わらなかった。

中島がきっちりとボールを見極めて1塁に歩くと、打席に向かう岱鋼を林コーチが呼び止め、それを伝えた。

このタイミングでの岱鋼への指示、我々の用語でいうと「先付け」が重要だと考えている。送りバントのサインが出るのか、それともヒッティングか、両面を想定しながら打席に立つのと、あらかじめバントはないということを伝えてやるのでは、本人の気持ちの持ちようがまるで違ってくる。高いレベルで紙一重の勝負を繰り広げるプロ野球の世界では、この準備の差が明暗を分けることも少なくない。

岱鋼は、2球続けて空振りしてあっさりと追い込まれるが、そこから粘って値千金のフォアボール、期待に応えてくれた。この試合、ここが監督の一番大きな仕事だったといっていい。ノーアウト満塁となり、打順は2番・西川、3番・田中賢、4番・中田と続く。もうベンチが動くことはない。あとは黙って見ていれば、必ず得点は入る。少し肩の荷が降りた心境だった。

ところが、つくづく野球は難しい。フルカウントから西川が放ったファーストゴロは、一塁ランナーの岱鋼を足止めさせるアンラッキーな打球となり、本塁と二塁で封殺される変則のホームゲッツー、最悪の結果となった。

まさかのプレーではあったが、えてして負けるときはそんなものである。やるべきことをやっても、負けるときは負ける。

一生懸命さ、頑張り方が違うことがある

9月3日　東京ドーム　対千葉ロッテマリーンズ　2対3

前日、大谷で落として、1勝1敗で迎えた第3戦、この日は東京ドームでのラストゲームということで、勝敗にかかわらず、試合後は東京のファンの皆さんに挨拶をするセレモニーが予定されていた。なんとしても、勝って笑顔で臨みたいものだ。こう見えても、すぐには気持ちの切り替えができないタイプで、負けた直後に出ていくことだけは絶対に避けたい。行きたくないと、駄々をこねてしまうかもしれない。

だが、そんなときに限って、「一番納得のいかない負け方」をしてしまうのは、いったいどういうわけなんだろう。

2点を追う9回裏、2アウトランナーなしから粘って1点を返し、なおもふたりを塁に置いて、バッターは5番・近藤という一打同点の場面に、球場はこの日一番の盛り上がりを見せた。結果、近藤はショートフライに倒れてゲームセットとなったが、スコアは2対

3の惜敗で、試合内容だけを見れば、監督が「一番納得のいかない負け方」というのは、皆さん、あまりピンとこないかもしれない。

では、何が納得いかなかったのかといえば、選手の一生懸命さが違った気がしたのだ。当然、みんな一生懸命やってはいるのだが、その頑張り方が違うというか、気持ちの表し方が違うというか。

具体的に言うと、例えば打てなかった選手が悔しさのあまりヘルメットを放り投げたりしている。大事な頭を守ってくれているヘルメットに八つ当たりするのは絶対に間違っている。ファイターズらしくない。

度々、そんな様子をベンチで目にすると、打てなかったことよりもその態度にカリカリしてくる。この試合は、なぜかずっとそんな調子だったのだ。さすがにこれは選手を注意しなければいけない、そう思ったが、この場面は感情的な物言いになってはいけないと思ったから、どうにかこらえた。それくらい、久しぶりに怒っていた。

だから、試合後のセレモニーに参加するのは本当にイヤだったけれど、ファンの皆さんに感謝の気持ちを伝えたい思いはもちろんある。怖い顔にならないよう、なんとか表情を作りながら、ライトスタンドの応援席前に向かった。

負けて気付くことはたくさんある

9月8日　旭川　　　対福岡ソフトバンクホークス　5対8
9月9日　札幌ドーム　対福岡ソフトバンクホークス　2対13
9月10日　札幌ドーム　対福岡ソフトバンクホークス　3対7

9月、マジックナンバーを12としている首位ホークスとの3連戦は、逆転優勝に最後の望みをつなぐためにも絶対に落とせないカードだった。

しかし、旭川での第1戦、メンドーサが序盤につかまり痛い星を落とすと、札幌ドームに移っての第2戦はやはり吉川が4回途中9失点で降板、連敗を喫する。第3戦は大谷を先発に立てて臨んだが、大きな流れを変えることはできず松田に先制3ラン、柳田悠岐《やなぎだゆうき》にダメ押しの2ランホームランを浴び、一矢を報いることもできなかった。

結局、これがペナントの行方を決定付ける3連敗となってしまったわけだが、試合でやられたこと以上に、絶対に負けてはいけないことが別にもあった。今年のホークスはたしかに強かった。あの巨大戦力が機能し、いったん勢い付いてしまうと、それを止めるのは容易ではない。だからこそ、そこに立ち向かっていくためには、必ずやらなければならないことがある。それは声を出すことだったり、ファーストまで全力で走ることだったり、そういった普段から当たり前のこととしてやっていることだ。

あの3連戦、ホークスのほうが明らかに元気があった。それを向こうは勝っているから元気がいいんだと片付けてはいけない。劣勢だからこそ大きな声を出し、元気に戦っていかなければならない。何がなんでもそこで負けてはいけないのだ。それがファイターズというチームの姿勢なんだから。

どうあれ3連敗は肯定できるものではないが、敗戦によってもう一度できていないことを洗い直そうというきっかけにはなった。自分たちがやれることをやらなかったせいで戦力以上の大きな差ができてしまったとすれば、その要因は徹底的に調べなければいけない。

負けたから、悔しいから、何かに気付くということもいっぱいある。本当は勝っていても、できていないことはしっかり洗い出さなければいけないのだが、勝ってしまうとそれが消えてしまうことが多い。分かりにくくなってしまう、と言ったほうが適切だろうか。本人はできていないことに気付いているのに、勝ってしまうと本当になんとかしなければならないという本気度のパーセンテージが下がってしまうのだ。それを上げるのが我々の仕事だ。

今年は「負けの理由」を知らなければいけない負けが多かった、そんな気がする。負けの意味はいろいろある。本当のことを言えば80勝したかった。シーズン終盤、80勝して優勝できなかったのなら少しは納得がいくかなと思っていたが、きっと野球の神様に、まだ80勝しちゃいけないと言われているんだと思う。あと1勝が届かなかったことには何か意味があるはずだ。その意味をこれからもう少し考えてみたい。

» chapter 2

第2章

監督の役割とは何か

監督は組織において「偉い人」ではなく「中間管理職」である

プロ野球の監督とはどんな仕事なのか。いくつかのたとえを用いて、この4年間実感してきたことを皆さんにお伝えしたい。

まず大前提として、絶対に「そうじゃない!」と言いきれるのは、監督が偉いわけではないということだ。この国にはこれだけの野球人口がいて、野球ファンも合わせればそれこそ数千万人という規模になるだろう。その頂点に位置するプロ野球の監督は、日本中に12人しかいない。一野球人としてこれほど光栄で、これほどやりがいのあるポジションはない。だが、だから偉いという論法は成り立たない。

球団という組織内の役割で言えば、会社組織における中間管理職が一番近いような気がしている。先にも書いたが、チームの現場と球団のフロントでは価値観の時間軸が異なっている。我々現場はいつも「今年」優勝するために戦っているが、フロントはこれから5年先、10年先も優勝を狙い続けることができるチームを作ることが仕事だ。いま結果がほしい現場と、いまを長いスパンにおける一地点として捉えているフロントとでは、同じ方向を見ていても映る景色が違っているはずだ。カメラで言えば、現場はズームした寄りのサイズで、フロントはより広い範囲が映り込んでいる引きのサイズといったところだろうか。

そんななか、もちろん監督は現場の一員としているわけだが、その一方で現場とフロントの間をとりもつ役割も担わさていれる。ときには現場の声をフロントに伝え、ときにはフロントの方針を現場に反映させる。それも重要な仕事のひとつになっている。

ただ監督が、フロント同様に5〜10年先を見通すことができるかと言われると、さすがにそれは現実的ではない。どんな名監督でも、せいぜい2〜3年のスパンといったところだろう。「去年優勝したから、今年はある程度次世代の育成に力を入れてもいいが、来年はまた必ず結果を残さなければならない」、そういったビジョンだと思う。

僕の場合は、もともと監督経験がゼロだったこともあり、自分に求められている役割をひとつずつ確認するところから始まっているので、時間軸の差にそれほど違和感もなかった。そういうものだという前提でいたので、きっとそれが自分の仕事なんだろうなと感じたからだ。

だから、毎年優勝を狙うのは当たり前のこととして、5年後に結果が出れば、自分がやった意味はあるのではないかと思ってやっている。

監督はチームにおいて「指導者」ではなく「マネージャー」である

監督は偉いという誤った認識と同様、もうひとつ誤解されていることがある。それは、監督は指導者であるというものだ。

大学以下の若い世代のアマチュア野球であれば、監督が指導者であるケースは多いと思う。だがプロ野球は、そもそもアマチュアでやっていたトップレベルの選手たちが集まってくる世界であり、彼らを技術的に指導しようと思えば、もっとカテゴリーを細分化したエキスパートが求められる。だからこそ、より専門性の高いコーチが必要不可欠なのだ。

もちろんプロの世界に指導者たる監督はいないのかと問われれば、歴代の名監督にそういった方々はいたことと思う。だが、自分に関していえば、少なくとも現状、指導者を名乗れる状況にはない。いや、この先もおそらくないと思う。

ニュアンスが近いのは、芸能プロダクションのマネージャーかもしれない。芸能界と言うと口幅ったいが、キャスター時代にはそういったマネージャーの方々ともお付き合いをさせていただく機会が少なからずあった。彼らは担当するタレントをマネージメントする人であり、プロデューサーでもある。その役割と同様に、我々はこの選手をどうプロデュースしていけばいいのかをつねに考えている。どのように努力させたら伸びるのか、どのように起用したら輝くのか、そんなことしか考えていない。これって、芸能界のマネージメント業と似ている気がする。

そういえばアメリカでは、監督のことをフィールドマネージャーと呼ぶ。球団経営の権限を持つのはゼネラルマネージャー、俗にいうGMであり、フィールドマネージャーの権限は文字通りフィールド内に限られる。簡単に言えば、GMの決めた方針に沿ってチームを運営し、試合における選手起用や勝敗に関する責任を負う立場ということだ。

いずれにしても、実態は指導者とは程遠い。僕のような人間が、自分を指導者と思った瞬間に間違いが起こるんじゃないだろうか。自分を指導者と思えば、「こうしろ」などと言いたくなる。選手が明らかに間違った方向に向かっていると感じたときにはあえて言うようにしているが、監督というのは一番、「こうしろ」と言いやすい立場だからこそ、それは言ってはいけないと思っている。

「生きた統計」は監督しか知らない

札幌ドームの監督室に設置してある大きなホワイトボードには、そのときどきで大切にしたいと感じた言葉を書き留めている。それは自分自身へのメッセージと言ってもいい。1年目からずっとそうしている。

そのスペースに、2015年の今年、最初に書いたのはこの言葉だった。

「まず、隗より始めよ」

だんだん慣れてくると、人に何かを言いたくなる。そうではなくて、自分が変わらなきゃ、自分がやらなきゃ、自分がきちんとしなきゃと、今年はもう一度原点に立ち戻り、自分にそう言い聞かせるところから始まった。

これらの言葉はあくまでも自分自身に向けて記したものなので、出典に忠実ではないものもあるが、備忘録としてここに書き留めておく。

「至誠にて動かざるは未だ之あらざるなり」

「負けの99％は自滅である」

「見切りは予めルールを作っておかなければいけない」

「一をもってこれを貫く！」

「志は気魄と学問によって成り立つ！」

「できる人こそやってはいけない」

「血戦に向かい〝練習常善〟」

「球を打った者は何をおいても一塁まで向かって突進しなければならない」

「夢なき者に理想なし　理想なき者に計画なし　計画なき者に実行なし　実行なき者に成功なし　ゆえに夢なき者に成功なし」

「我が命、我が物と思わず……、死して屍拾うものなし」

監督室というこの場所で今年もたくさん悩み、いくつもの決断をしてきた。

やるかやめるか、それで言えば、やめるのは一番簡単な決断だ。難しいからやめよう、不安だからやめよう、そうしていればたしかにリスクは回避できるかもしれない。でも、決して前には進めない。だから、「やめるのは簡単だけどやれる努力をしよう」「困難な選択肢を選んで、無理してでもやれる形を作るのも我々の仕事なんだから」と、いつも自分に言い聞かせている。

また、監督室は自分にとって平常心を確認する場所でもある。平常心を保つために心掛けていることはただひとつ、選手を信じるということだ。「こいつ、大丈夫かな?」と不安になることが平常心を失わせる。だから冷静な采配をするためにも、せめて自分だけは選手をとことん信じ抜く。結果、選手が前に進めばよし、結果が出ればなおよし。

そんななか、監督という仕事についてある発見があった。それは、このプロ野球という世界で生きた統計が取れるのは監督だけ、ということだ。

こんな性格で、こういう能力の選手に、こういった準備をさせて、こう使ったら、こうやって成功した、あるいは失敗した。

こんな状況で、こういった選択肢のなかから、これを選択したら、こういう結果になった。その結果というか、そこで起こった現象は誰にでも確認することができるが、肝心のなぜそうしたかという根拠の部分はそれを決めた監督にしか分からない。つまり、根拠と結果の因果関係を知り得るのはただひとり、監督だけということだ。よって、その結果を正しく検証できるのもまた監督のみということになる。

もう少し分かりやすくいうと、どういう理由で決めたかはほかの人には分からないけれど、監督だけには分かっている。こういう理由でこうしてみたら結果はこうなった。これは良し、これはダメ、それがプレーごとに繰り返されているのだ。

監督というのはそういう職業なのだ。ほかの誰も知り得ない統計を取らせてもらっている。だからこそ、それをチームや選手にフィードバックしなければいけない。
それは監督の義務だ。

the role of leader

大切なのは気付かせてくれる存在

野球を取材する立場から一転、取材される監督になった自分にとって「右腕」と呼べる存在だったのは1年目のヘッドコーチ、いま、バファローズ監督の福良淳一さんだ。

福良さんのことはファイターズで一緒になる前からよく知っていたが、仕事をするのは初めてだったので、いざ一緒にやってみると意外だったことはいっぱいある。何よりも驚かされたのは、いい意味で表裏一体なところ。あの温厚そうな顔をしていて、イメージ通りの優しさと想像もできない怖さを併せ持っているところは本当にすごい。真の勝負師といった感じだ。

福良さんは、それこそ何から何までやってくれていた。監督はきっとこう思ってるからこういうふうにしようとか、こういう準備をしておけば必ず監督は生かしてくれるはずだとか、いつも先回りして、知らないうちにみんな裏でやってくれていた。

こちらは自分の好きなようにやっているつもりなんだけど、実は監督が好きなようにやりやすいよう、用意周到に整えてくれている。だから、基本的に「ノー」とは言わない。こちらの言うことに「イエス」と答えて、「イエス」になるような作業をする。あるいは、すでに準備している。

いまになって感じることだが、ああいう人のことを「右腕」と呼ぶんだなとつくづく思う。

ただ、ある日、試合中に「ノー」と言われたことがあった。外野手を前に出させる前進守備を指示した場面、「センターだけは定位置に下げてほしい」と伝えたら、「監督、それはダメです」と拒否された。絶対にダメというものは福良さんのなかにもあって、「センターだけを後ろに下げると選手たちを迷わせてしまう、それはダメ、どっちかにしましょう」と、それだけは譲らなかった。

たしかに説得できるだけの根拠は持ち合わせていなかった。センターに飛ぶような予感がする、それはある意味、勘でしかない。それをやっていると、いつも中途半端な感じになって、いつかは監督の感覚だけでは成り立たなくなることが出てくる。前に出してイチかバチかの勝負をするか、それとも後ろに下げて安全策を取るか、それをはっきりさせないと形なんか作れない。勝負に両方取るなんてありえない。それがあのとき、福良さんがくれたメッセージだと受け取っている。そうか、やっぱり勝負事には表か裏か、○か×かしかないんだって。

実は結果を言うと、僕の勘は正しかった。打球は前進守備のセンターの頭上を越えて、それが決勝点となった。監督の勘というのは意外と当たる。誰よりも一番勝ちたいと思っているから、第六感みたいなものが働きやすいのかもしれない。

ただ、それではダメだということもよく分かった。

結果ではなくプロセス、的中率の高い勘よりもみんなを納得させられる根拠が、組織を動かしていくためには重要だということを学ばせてもらった。

ともに優勝を味わった翌年、福良さんはライバルチームに移った。プロ野球の世界ではよくあることだ。

その年のファイターズはなかなか波に乗れず、低迷を続けていた。そんななか、福良さんのいるバファローズ戦で久しぶりに自分らしい采配で勝ったとき、彼からメールが届いた。そこには短く、「久しぶりに監督らしかったですね」と書かれていた。そのとき、ふと我に返り、「最近、勝ちたくて大事になりすぎていたな」と反省した。きっと「右腕」って、気付かせてくれる人のことを言うのだ。

the role of leader

理論は実績をもしのぐ

2015年シーズンをともに戦ったコーチのことにも触れておきたい。

まずは、厚澤和幸《あつざわかずゆき》投手コーチ（来シーズンからベンチコーチ）。彼には投手陣の管理から育成まで全般を任せてきたが、特に頼りにしているのはピッチャー交代に関する的確な判断だ。身内のことをあまり褒め過ぎるのはどうかと思うが、彼はその道の天才だと思っている。

ピッチャー交代は本当に難しい。投手出身の監督は感じ方が少し違うのかもしれないが、野手出身の自分にとってはそれが最も難しい仕事だと断言できる。キャスター時代に考えていたよりも、数倍、数十倍考えなければならないことが多く、それを考えているとほかのことにまったく意識がいかなくなってしまう。

シーズン中は負けたら反省、勝っても反省という日々を送っているが、夜、改めて試合を振り返っていて眠れなくなるのは、必ずピッチャー交代のことだ。ヒットエンドランが失敗しようが、ここ一番で送った代打が打てなかろうが、攻撃に関することで眠れなくなることはまずない。いつもどこか開き直っていて、「なんであそこで打たないんだよ！」くらいな感じだ。

だが、それがピッチャー交代のことになると、まずは「あそこで代えたから負けた」「代えなかったから負けた」という後悔の念に駆られ、「もし違う選択をしていたらどうだったのか」というひとり検討会が始まり、最後は「本当にごめん。みんな、ごめんなさい」と、どうしようもなく申し訳ない気持ちが溢れてくる。気が付いたら外が明るくなっていた、なんてこともしょっちゅうだ。慣れない1年目などは本当にどう気持ちの整理をしようとしてもダメだった。どうやったら忘れられるのかが分からない、そんな毎日だった。チームを負けさせてしまうというあの重圧は、ピッチャー交代をやったことがある人にしか分からないだろう。

それが最近いくぶんマシになったのは、厚澤コーチがいつも的確に選択肢を与えてくれるからだ。ピッチャー交代が難しい場面になればなるほど、彼が選択肢をくれるという安心感は大きい。そこに全幅の信頼を寄せているからこそ、試合に入り込んで集中することができる。それがなければプレイボールの瞬間からずっとピッチャー交代のことばかりが気になってしまい、「攻撃のほうは適当にやっておいて」と、そんないい加減な調子になりかねない。決して大げさじゃなく、それくらいピッチャー交代は難しいのだ。

準備という点では、同点になったらこのピッチャーとか、逆転したらこのピッチャーとか、あらかじめいくつか基準を決めておくことが重要だ。それも厚澤コーチから教わった。きっと彼も投手コーチの経験を積みながら、そういったことを学んでいったんだと思う。

彼のキャリアは、僕に似ているところがある。国士舘大学からドラフト2位でファイターズに入団し、1995年から2003年まで9年間プレーをした。通算成績は42試合に登板して0勝4敗。ファームでは1997年と1999年に2度、イースタンリーグの最多勝に輝き、2002年にはノーヒットノーランを達成するなど活躍したが、一軍では未勝利のまま現役生活を終えている。

その後、二軍の投手コーチを3年間務め、2007年から一軍に異動。途中、スコアラーも経験し、2013年に再び一軍の投手コーチとなった。僕のように現役時代これといった実績もなく、しかも現場未経験の者が監督となるのは非常に稀《まれ》だが、厚澤コーチのようにプロ未勝利で投手コーチになるケースも珍しい。ファイターズのフロントには、それをさせる何かしらの根拠があるのだろう。

「名選手、名指導者にあらず」という言葉もあるが、それにしても投手陣を預かる厚澤コーチの苦労は相当なものだったはずだ。未勝利のコンプレックスもなかったと言えば嘘になるだろう。だが、それをバネにして、彼は誰にも負けない理論と方法論を身に付けていった。

名投手が感覚的に理解していることを、それが得られなかった彼はすべて理論に落とし込んでいった。そこに落とし込まなければ、指導できないからだ。だからこそ、彼の判断には根拠がある。ゆえに信頼できるのだ。

ピッチャーの交代のタイミングを見極めるとき、厚澤コーチは主にある特定の球種の球筋を判断材料にするという。ある者はストレートが上ずりだしたらそろそろ厳しい、ある者はこの変化球がワンバウンドし出したら限界が近いなど、一人ひとりのピッチャーにそれぞれの基準をもっている。それらを材料にしてここで交代と判断したら、「監督、お願いします」ときっぱり言ってくる。まだ少し迷いがあるときは「監督、こうしたいんですけど」と相談してくる。この信頼関係が、いまは理想的だと思っている。

最も高い確率の選択肢は、突き詰めた思考が生む

中島卓也がファウルを打つコツ、いわゆる超広角打法の感覚を覚え始めた頃、白井一幸コーチには「ミーティングでしつこいくらい褒めてやってほしい」とお願いしていた。それでいいんだ、ということを中島に感じてもらうためだ。

そういった選手へのメッセージを伝えてもらうときは、白井コーチに頼むことが多い。彼の2015年シーズンの肩書きは「内野守備走塁コーチ兼作戦担当」で、作戦に関するものの考え方を選手たちに深く理解してもらうため、ミーティングはひんぱんに行っている。いつも厳しく、たまに優しく、毎日ガッツンガッツンやってくれているはずだ。

夏場まで長いスランプに苦しんでいたレアードと、しっかりコミュニケーションを取っていてくれたのも白井コーチだった。もちろん厳しいことも言うが、そこはアメとムチの要領だ。新外国人選手には慣れない環境に慣れてもらうためにも、まずは日本のことを知ってもらわなければならない。そこでなんとか日本を好きになってもらおうと、気分転換の意味も含めて寿司屋に連れて行ってくれたそうだ。それがきっかけで大の寿司好きにな

ったレアードが、ホームランを打ったときにやるようになったのが、札幌ドームでは有名なあの寿司を握るポーズだ。

ベンチからの指示を受け、選手たちにサインを送るのは三塁コーチャーズボックスに立つ白井コーチの役目だが、あるとき、打席のレアードに寿司を握るポーズという斬新なサインを送っていたのには笑った。すなわち、「ホームランを打て」という無茶なサインだ。実際、レアードはその次の球をホームランにしたことがあり、なんというふたりかと呆れるやら驚くやら……(笑)。

彼とは同学年で、思えば長い付き合いになる。彼は駒澤大時代、大学日本代表のキャプテンも務めた野球エリートで、ドラフト1位でファイターズに入団すると、ルーキーイヤーの開幕戦に先発出場し、いきなり初打席初ヒットを記録するなど輝きを放っていた。その後、プロ13年目にオリックス・ブルーウェーブ(現バファローズ)に移籍し、35歳で引退したのち、ファイターズの球団職員としてニューヨーク・ヤンキースにコーチ留学するなど、日本の野球とアメリカのベースボール、どちらにも精通しているのはその貴重な経験があってこそだ。

レアードとのエピソードからも分かるように人間味あふれる白井コーチだが、球界屈指の理論派でもある。野球のことは、彼に聞けばたいがい答えてくれる。「ボールは体の正面で捕りなさいって言われるけど、体の正面ってどこですか?」と質問されたとき、「体の正面はグローブを持っている、ここ。(右利きであれば、グローブをはめている左手の位置)ここにボールを置いたら、捕りながらスローイングに行ける」と即答していた。この答え、聞けばそうかと納得するが、意外とみんな体の正面が分かっていない。そういう、分かりそうで分からないことまで彼は勉強している。本当にプライドをもって野球漬けの人生を送ってきたんだと思う。ほぼ同じ年月を生きてきたのに、この差はいったいなんなんだろうと自分を恥じたくなるほど、彼は突き詰めて野球を考えている。

そんな白井コーチだから、作戦でもなんでも彼に相談すると、すぐさま最も確率の高い選択肢を提示してくれる。確率的に言えば間違いなくこれ、と自信をもって示してくれる。あとはその確率にかけるか、確率を超越した何か別の要素にかけるか、それを自分が決めるだけだ。

コーチには「自分を説得してくれ」と言う

コーチにはいつも自分を説得してほしいと思っている。「こうやらせろ」と説得してほしい。コーチが意欲をもって監督を説得する、そういう組織になったら確実に前に進める。前に進んでいるのかどうか。

これが自分にとっては最大のテーマと言ってもいい。それに取り組んだら選手は前に進むのか。それができるようになったらチームは前に進むのか。前に進むんだったら何をやってもいい。前に進まないんだったらやる意味はない。これが口グセだ。

負けてもいい。でも、後退はしたくない。最初から最後までずっと負けないチームなんて存在しないわけで、チームにとって大事なのはその負けが前に進むために生かされているかどうかなのだ。

２０１２年に優勝したときのチームと比べて、思ったようには進んでないけど、どうにか最低限のところまではきているように思う。

今年は１４０試合目から４連敗を喫し、80勝にあとひとつ届かず、貯金17という数字でレギュラーシーズンを終えた。優勝した年が貯金15だったので、それを2つ上回る成績ということになる。貯金2つ分、前に進んだ。少なくともこの若いチームで貯金20を狙えるところまで来たということは、一応、形にはなってきたのかなと思う。たぶんチーム作りは間違っていない。

ただ、優勝したホークスは実に41もの貯金があった。ファイターズとの差は24、もっともっと前に進まなければ、ライバルとの差は縮まらない。

the role of leader

任せないと必死に考えてくれない

監督1年目に優勝した。2年目に最下位になった。そのてっぺんからどん底まで落ちた要因には、自分自身のことも挙げられる。

新人の年は必死にやろうとしていたけれど、あまりにも分からないことが多過ぎて、結局はコーチたちに頼らざるを得ない状況だった。監督はお飾りみたいなもので、経験豊富なコーチの言うことに「そうしてください」とゴーサインを出すばかりだった。

それが2年目になると、少しばかり周囲のことも見えるようになってきて、すべてを自分でやろうとした。コーチングスタッフが大幅に入れ替わり、未経験のコーチが増えたことも、気負いに結びついたのかもしれない。ピッチャー交代から守備位置の指示まで全部やろうとしていた。それでも自分としてはなんとかこなしているつもりだったが、きっと試合の展開に追いついていなくて、ことごとく判断が遅れていたんだと思う。野球というスポーツは、そういった指示のわずかな遅れが致命傷になるケースも少なくない。それで落としたゲームもひとつやふたつじゃなかったはずだ。

実は取材者の立場だったキャスター時代には、全部監督がやっているものだと思っていた。長嶋茂雄《ながしましげお》さんも、野村克也さんも、星野仙一《ほしのせんいち》さんも、みんな自分でやっているように見えていたし、落合博満《おちあいひろみつ》さんは「ピッチャーのことは分からないので、すべて投手コーチに任せている」と公言していたが、それは例外だとばかり思っていた。

ところが、いざ自分がやってみると、一球一球戦況が変わっていく目まぐるしい展開の連続に、毎日「差し込まれる」ような感覚を覚えていた。「差し込まれる」という表現では伝わりにくいかもしれないが、要するに間に合わない。「監督、どうしますか?」「えっ、ちょっと待って」みたいな感じで、ずっと時間に追い立てられている感じがする。

この程度の能力しかない監督は、考えること、選ぶこと、決めること、そういった項目をできるだけ少なくしなければチームは勝てない。あの頃はそれが分かっていなかったから、自分で言うのもなんだが、残念なことになってしまったわけだ。

最近、チーフマネージャーと当時の話になって、こう言われた。「あのときはそもそも無理でしたね。監督、ひとりで全部やろうとして。そりゃ、無理だわ」って。こっちからしたら、いまさら言うなって感じだけど（苦笑）。

1年目は自分で考えなきゃと思っていたが、余裕がなくてそれができなかった。2年目は自分ひとりで考えるようにしてみたが、そしたらチームは最下位になった。3年目はひとりで考えることに疑問を持ちつつも、もう1年やってみた。そこでようやく分かった。やっぱり任せるべきなんだって。たったそれだけのことに気付くのに3年もかかった。自戒の念を込めていうが、やっぱり人にはどこかに驕りがあるんだと思う。

そんな経験を経て、いまはピッチャー交代であれば厚澤コーチに、守備位置であれば白井コーチに、といった具合にほとんど任せている。勝負どころと踏んだ場面で、珍しく意見が割れたときなどは「悪いけど、こうさせてくれ」と押し切ることはあるが、それもそうめったにあることではない。

そして、「任せないと、人は必死に考えてくれない」ということもよく分かった。

ここ一番というところ以外は口を出さない、そう決めて我慢する。そうやって任せていると、本当にみんなが一所懸命考えてくれるようになる。どうせ監督が決めるんだから、と思っていたらなかなかそうはならないが、自分のせいで負けるかもしれないと思うからこそ必死になる。人間ってそんなものだと思う。

コーチが「ピッチャーを代えましょう」と言った。代えたピッチャーが打たれて負けた。コーチが「守備位置をこうしましょう」と言った。変えた守備位置が裏目に出て負けた。

その結果はコーチの責任ではない。それで行こうと決めたのは、監督なんだから。

でも、それを提案してくれたコーチは、きっと自分のせいで負けたというくらい重く受け止めているはずだ。結果に対してそう感じるほどに必死に考えてくれることがチームとしては大切なのだ。

自分に合ったヒントをもらったとき、人は変わる

そうやって突き詰めて考えていくと、よく言われるコーチングの鉄則にふと疑問を抱くようになった。「人には褒められて伸びるタイプと、怒られて伸びるタイプがいる」というやつだ。あれには最近、大いに疑問を持っている。

一人ひとり置かれている状況によって、ときには褒めたり、ときには怒ったりしないとダメで、結局どちらも必要なんだと思う。

全体的な印象で言うと、最近の若者は結果が出ていないときにあまり怒られるとダメになる傾向が強いかもしれない。どうせ怒るなら、結果が出てからにしたほうがいい。

それから、選手への技術指導に関しても、常々思っていることがある。

こう言うと誤解を招くかもしれないが、選手は指導によって伸びるのではなく、自分でうまくなるんだと思う。一流になる選手は、自分に必要なものとそうじゃないものを的確に見分けている。そして腑《ふ》に落ちないものは捨て、必要なものだけを取り入れてうまくなる。彼らは賢い。

「選手にとっていい監督とは、自分を使ってくれる監督」という言葉があるが、それにならっていえば、「選手にとっていいコーチとは、自分に合ったヒントをくれるコーチ」なのかもしれない。自分に合ったヒントをもらったとき、選手は変わる。

the role of leader

教えるのではなく、気付ける選手を作る

中島卓也はファウルを打つコツを覚えて、大きく成長した。このファウルを打つ技術は自分なりに理解しているつもりだが、第三者にそれを伝えようと思うと、論理立てて説明するのはなかなか難しい。

ファイターズでは、バッターは2ストライクに追い込まれたら、最低限できることを精いっぱいやってチームに貢献する、具体的にはそこからなんとか粘って相手ピッチャーに少しでもダメージを与える、その意識付けを徹底させている。2ストライクアプローチという考え方だ。追い込まれたらヒットを打つことだけを考えていてはダメ。その可能性を高めるためにも厳しいボールはファウルにして粘ることが求められる。ファウルを打って

いるうちに、いつかヒットを打てるような球がくるから。

しかも最近は大きく変化するのではなく、バッターの近くにきて小さく動くボールが増えているので、なおさらバットの芯で捉えるのは難しくなっている。だからこそのファウル打ちだ。

しかし、そうしなさいと言われて、はいそうですかと簡単にできるものではなく、現実は苦戦している選手も多い。できるのは田中賢、中島、近藤といった実際に数字を残している選手で、2ストライクアプローチが打率にも直結することを物語っている。逆にそれができない選手は、追い込まれてからボールに飛びつくようなスイングで三振するケースが目に付く。

そんななか、シーズン中にあるテレビ番組を観ていて、ハッとさせられた。キャスター時代、僕も出演させてもらっていた「GET　SPORTS」(テレビ朝日)という番組で、現役時代、2000本安打を達成した元ヤクルトスワローズの古田《ふるた》敦也《あつや》さんが独自の打撃理論を解説していた。その理論が、そのままファウル打ちの極意にもつながる内容だったのだ。

簡潔にまとめると、以下のようになる。一般的にボールを捉えるヒッティングポイントというのは、内角球だとやや前め（ピッチャー寄り）、外角球だとやや後ろめ（キャッチャー寄り）といったようにコースによって少しずつ変わってくる。それをすべて真ん中のボールを打つときのポイントと同じ位置で捉えることができたら、スイングを始めるタイミングはいつも一緒でよくなるので確率は上がる、というものだ。

ファウルを打つコツもそれとまったく同じ理屈で、バットに当たる確率が上がるということは、ファウルになる確率も上がるということになる。しかも、内角球はバットの根っこでやや窮屈に、外角球はバットの先っぽでやや早めに捉えにいくことになるので、それもファウルになりやすい要因のひとつだ。ああ、こうやって練習すればいいんだ、というヒントをもらった気がした。

それにしても、さすが古田さんだと思った。自分で実践できるだけでなく、他者にも分かりやすく伝えることができる。しかも、それは誰かに教えられたものではない。あるとき、ふとした瞬間に自分自身で気付いたものなのだ。そこが肝心だ。

野球を教えていてはダメだ。教えていてもキリがない。ただ、自分で気付ける人を作るというのはアプローチがまったく異なるので、もっと幅を広げてあげられるかもしれない。それがいまの仕事だ。もし我々に選手が作れるならば、徹底的に教えこんで技術が上達した選手よりも、古田さんのように自分で気付ける選手、感じられる選手を作っていかなければならない。

トップの仕事とは人に任せること

the role of leader

「任せる」ということは、ある意味、ファイターズの伝統なのかもしれない。

球団の創設者である初代オーナー、大社義規《おおこそよしのり》さんは誰よりも野球を愛するオーナーとして有名で、自ら足繁く球場に通っていただけでなく、まだ携帯電話やインターネットがなかった時代、毎試合、球場に本社職員を派遣させ、試合経過を電話で報告させていたという。また、監督やコーチ、選手たちのことは全員を家族のように思い、毎年、元日にはみんなを家に招いていたそうだ。

オーナーは何事も一番でなければ気がすまない性分だったそうで、そう聞くと、さぞかし現場にも口を出す人だったのだろうと思われがちだが、実は「金は出すが、口は出さない」という主義でチームのことはすべて現場に任せ、いっさい口を挟まなかったという。

ただ心から野球を愛し、本当にチームの優勝を楽しみにしていた人だったそうだ。まさに「ファイターズをつくった男」と呼ぶにふさわしい人である。

熱心なファンの方はご存じかと思うが、ファイターズにはひとつだけ永久欠番がある。初代オーナーの100番だ。それは1981年の初優勝の際、胴上げのときにオーナーが着ていたユニフォームの背番号で、亡くなられたのち、球団がそれを永久欠番とした。

今年（2015年）は初代オーナーの生誕100周年にあたる年、何としても墓前に日本一の報告を届けたかったのだが……。

その初代のあとを継いだのが、義規さんの甥で養子でもある大社啓二《ひろじ》さん（現オーナー代行）だ。あれほど野球を、そしてファイターズというチームを愛し尽くした人のあとを継ぐのは、本当に大きなプレッシャーだったそうだ。先代がこれほど大切にしてきたものは絶対に守らなければならない、それは人生をかけた仕事だと思ったという。

大社オーナー代行とは一緒に食事をさせてもらう機会もあるが、すべて現場に任せるという初代の考えをそのまま受け継がれていて、僕がチームのことで何かを言われたことはない。というより、そもそも野球の話はほとんどしない。よもやま話をしながら、いろんなことを学ばせてもらっている。

そんな大社オーナー代行から、あるとき小さな新聞記事のコピーを受け取った。そこにはサッカーの名門クラブ、イングランドのマンチェスター・ユナイテッドを長年率いたアレックス・ファーガソン元監督のことが書かれていた。要約すると、「それまで全部自分で指示していたものを、コーチに任せて一回引くようにしたら、それによっていろんなものが見え出した」という内容だった。なるほどなぁ、と思った。

その記事を送ってもらったのは、たしか監督3年目に入る頃だった。必死になるのはいいが、あまり入り込み過ぎると見えないものがある、そんなことを教えてもらった気がして、それがコーチに任せてみようと考えるきっかけとなった。

いかにトップは人に任せなければいけないか。それができている球団という意味では、おそらく世界のプロスポーツ界を見渡しても、ファイターズは奇跡的な例なのだと思う。任せたその先に、チームの未来はある。

判断基準は「能力」ではなく「愛」

ユニフォームを着ている者だけがチームの一員ではない。球団はユニフォームを着ていないたくさんの裏方さんたちによって支えられている。

岩本賢一《いわもとけんいち》という球団スタッフがいる。いまの肩書きは、チーム統括本部副本部長だ。

彼との出会いはアメリカで、キャスター時代にニューヨーク・メッツを取材したとき、そこで活躍していた小宮山悟《こみやまさとる》さんに「僕の通訳なんですけど、こいつ将来、絶対日本の野球を変えますから」と紹介されたのが岩本賢ちゃんだった。

北海道の旭川出身の彼は、2002年、ファイターズの北海道移転が発表されると、いても立ってもいられず球団に履歴書を送り、その熱意が通じたのかヒルマン新監督の専任通訳となった。それからヒルマン監督退任後も広報兼通訳として活躍し、現在に至る。

この岩本賢ちゃん、旭川に行けば球場の名前にもなっているスタルヒン（1934年から1955年まで活躍した投手）の像にパンと牛乳を供え、函館に行ったらそのスタルヒンとバッテリーを組んだ伝説のキャッチャー、久慈次郎《くじじろう》さんのお墓参りに足を運ぶ。一回ならともかく、スタルヒン像のパンと牛乳などは、旭川滞在中、毎日供えられている。365日、野球への感謝に始まり、感謝に終わる、まさにそんな男なのだ。

僕も野球は相当好きなほうだけど、彼はきっとその何倍も好きだ。断言してもいい。札幌ドームでナイターが行われる日、岩本賢ちゃんは、どうやら朝7時半に球場に来ているらしい。デイゲームではなく、夕方6時プレイボールの日に、である。いくらやることはたくさんあるといっても、毎朝7時半出勤はすごい。食事はお蕎麦をほんの10秒程度でたいらげる。なんでそんなに早食いなのか、呆れるほどに早い。要するに、彼は仕事がしたいのだ。

そして、もちろん試合後もすぐに帰れるわけではない。むしろ、最後まで球場に残っている人の部類に入る。おそらく彼は日本一長時間球場にいるフロントの人間だと思う。

ファイターズが一緒に仕事をしてくれる人を選ぶとき、その判断基準はどれだけ野球を愛しているか、そこに尽きる。これは極端な言い方になるが、本当に野球を愛しているんだったら仕事ができなくてもいい。本当に野球が好きだったら、野球のことは必死に考える。そうすれば必ず解決の糸口は見つかるはずだ。だから能力のあるないなんてどうでもよくて、野球を愛してくれてさえいれば大丈夫、と考える。実際のスタッフはみんな仕事をさせてもとても優秀な人たちばかりだけれど。

このチームには、ほかにもそんなスタッフがたくさんいる。彼らのような人たちと一緒に野球ができるということが、何よりも幸せである。

the role of leader

人はたいてい「態度」しかみていない

岩本賢ちゃんは、大学時代、旭川市内のクレイジースパイスというカレー屋さんでアルバイトをしていた。その彼の後輩というべきか、同じ店で4年間、住み込みのアルバイトをしながらトレーニングと勉学に励み、その後2年間、BCリーグ（独立リーグ）の石川ミリオンスターズでプレー、今年から一軍用具担当としてファイターズの一員となったのが枳殻《きこく》涼介《りょうすけ》だ。

2月の沖縄・名護キャンプのとき、枳殻を食事に誘った。遠慮がちなタイプに見えたので、なんの気なしに「遠慮なく食えよ」と言ったら、彼は「うっす」と応えて黙々と食べていた。翌朝、真っ青な顔をしている彼を見かけて、心配したチーフマネージャーが声を掛けたら、どうやらひと晩中吐いていたらしい。「すみません、実は生モノ食べられないんです。でも、監督の前だし絶対に食べなきゃと思って……」って、まさかそんなことになっているとは思わなかった。

本当に生真面目な性格で、キャンプ中は準備のために毎朝3時半起きだったそうだが、シーズンが始まってからの出勤時間を聞いてさらに驚かされた。枳穀にとって、年齢は離れているものの同じカレー屋でアルバイトしていた岩本賢ちゃんは絶対的な存在で、先輩より遅くなるわけにはいかないと、札幌ドームには必ず朝7時半の前には到着しているそうだ。寝る時間はあるのか、心配になる。

そんな枳穀が、シーズン中に一度だけ遅刻したことがある。神戸から札幌に移動してのナイターが予定されていた日、我々は午前10時半の飛行機でも間に合うが、スタッフは先に戻って準備をしなければならないため、朝イチの便で飛ぶ。彼はその集合時間に遅れたようだ。

どうにか予定通りの飛行機には乗れたので、中には遅刻したことに気付いていないスタッフもいたようだが、それでも枳穀は全員に「僕、遅刻しました」と謝って回ったらしい。気付かれてないならそのまま済ませてしまおうと考えてもよさそうなものだが、彼は自分のミスを隠さなかった。

そういう素直さが、人を信用させる要因なんだと思う。こいつのためだったら、なんでもやってやろうと思わせる。

プロ野球の現場でも、なんだかんだいって一番困るのは隠されること。早く言っておいてくれれば打つ手はあったのに、隠されていたばっかりに手遅れになることもある。できれば隠したいミスも、そのときに「すみません」と言ってくれたら、なんとでもなるのに。

結局のところ、枳殻のような潔い態度をとれる者、そういう人間性の持ち主しか、最後の最後は信用されない。周りが人の何を見ているかといったら、そういうところしか見ていなかったりするものだ。

the role of leader

「志」をともにする仲間にこそ救われる

球団スタッフのなかには、「監督付」を任命されている男もいる。チーフマネージャーの岸七百樹《きしなおき》だ。彼はチーム全体の動きに目を配り、マネージメントの手腕を発揮しながら、そのなかで監督が仕事をしやすいよう、つねに先回りをしてあらゆる環境を整えてくれている。彼とはお互いの思いや考えを共有する機会も多く、最大の理解者のひとりでもある。まさしくいまの自分にとっては、なくてはならない存在だ。

選手が監督と個別に話をしたいと思ったとき、ほとんどの場合は岸を通じて打診がある。その手前で彼自身が若い選手の話を聞いてやり、相談相手となることもあるらしい。また、気掛かりなことがあれば自ら積極的に選手とコミュニケーションを取り、ときに優しく、ときに厳しく、対等な立場で意見を述べることもする。選手と彼との間にも、特有で、絶妙な距離感というものがあるようだ。そういった点においても、チームにとっては余人をもって代えがたい存在といえる。

そんな岸から、忘れられないメールが送られてきたことがある。翌朝の出発時間を確認するいつもの内容に続けて、そこには珍しく個人的なメッセージが添えられていた。実はその数日前、どうしても腑に落ちないことがあり、僕は現場でも口を閉ざしがちだった。その様子を察し、彼なりのストレートな思いを伝えてきたのだ。それはチーム愛に溢れた、涙が出るほどありがたく、勇気付けられるメッセージだった。

そしてそのなかには、まさにファイターズの一員にふさわしい力強い言葉があった。

「必ず世界一の球団にしたいです。そのためには何でもします」
そこにはやはり、何よりも大切な「志」があった。

the role of leader

「監督とコーチ」は「小学校」である

ここには到底書ききれないが、ほかにもたくさんの愛情に溢れたスタッフや、優秀なコーチたちがいて、ファイターズはチームとして戦うことができている。

その組織の在り方やそれぞれの役割について改めて考えてみると、イメージに最も近いのは小学校におけるクラスの係活動ではないだろうか。多くの人が経験していると思われる、生き物係とか図書係とか、あの係活動だ。そのなかで自分が担当しているのは「決める係」。実際、全国の小学校にそんな係があるかどうかはともかく、プロ野球の監督の仕事は最後に「決める係」なのだ。

監督はチームを勝たせるのが仕事だ。そのためにはどうすればいいか、とにもかくにも決断する。試合中、いったい何回「決める」ことを繰り返しているだろうか。

それでいうと、コーチの担当はいろんな言い方ができる。「野球を教えてあげる係」「野球をうまくしてあげる係」「結果を出しやすくしてあげる係」などなど。もちろんメンタル面も含めてではあるが、特に技術的な要素が強いのがコーチといえるだろう。ある意味、彼らは技術者だ。例えば、内野守備走塁コーチであれば、内野手の守備と走塁をうまくさせてやってください、「内野守備係」と「走塁係」でお願いします。投手コーチであれば、ピッチャーが結果を出せるよう面倒を見てやってください、「投手係」でお願いします。万事がそういった具合だ。

どの球団にも言えることだが、コーチには野球指導のスペシャリストが集まっている。ファイターズの陣容も、12球団ナンバーワンと言っても過言ではない優秀な顔ぶれだ。そんな能力のある人たちに集まってもらっているわけだから、監督は彼らがその能力を一番発揮しやすい環境を作ることに専念すればいい。ただ、それだけだ。

実を言うと、はじめの頃は自分も選手に何かを教えなければならないのではないかという気負いのようなものがあった。だが、優勝を経験して、最下位を経験して、本当にいろんなこと経験させてもらって、あぁ、本当に自分は「決める係」なんだと、そう感じていまに至っている。

» chapter 3

第3章
監督はプレイヤーとどう距離をとるのか

選手たちとの距離感というのは微妙なもので、近すぎてもダメ、遠すぎてもダメ、これがなかなか難しい。

自分の場合、根が人好きだからか、無意識にしているとつい近づいていく傾向にあるので、基本的にはあえて距離を置くよう心掛けている。いざというとき、緊張感を与えられる存在であるには、選手たちのなかで監督というものが軽くなりすぎてはいけない。ここ一番、本当に叱らなければならないとき、厳しいことを伝えなければならないときに、普段から距離が近すぎると効き目がなくなってしまう。本来、そういうことはあまり得意なほうではないのだが、苦手だからこそやらなきゃいけないと思っている。

※

ところが、長い選手とはもう4年の付き合いになるわけで、自然と慣れが出てきて、お互いの距離も以前より縮まってしまっているのが現実だ。

そこで、いままで通りの距離を保つために、さらに半歩下がる。この半歩分で、ちょうどいい距離が保てる。

こういったことも含めて、すべては選手にベストパフォーマンスを発揮してもらうため。そのためなら、なんでもできる。

天下を取るためにどういう生活をしなければいけないか

～大谷翔平～

選手とは、日頃からある一定の距離を保つよう心がけているが、ひと言ふた言、こちらから声をかけることも珍しくはない。といっても、たいていの場合、あいさつの延長線上のどうってことないやり取りだが。

でも、中にはふらっと近寄っていくと、それを敏感に察知して遠ざかっていく選手もいる。大谷翔平だ。

大谷の一挙一動には、いつも周囲の視線が注がれている。だから監督と会話している姿を目撃されると、必ずあとでそのことを記者に質問されるのだろう。それが面倒なのか、あるいは単に僕のことが苦手なのか、いずれにしても人前ではよっぽど話しかけられたくないと見えて、彼だけはいつも決まって逃げていく（笑）。

だからというわけじゃないが、「普段の大谷選手ってどんな感じですか？」と質問されても、正直、よく分からない。今年9月にお笑いコンビのナインティナインが司会のスポーツ特番が放送され、そのなかで大谷が取材を受けていた。コンビニで売っているクレープが大好きという意外な一面などが紹介されていたが、僕も「へぇ、そうなんだ」と驚かされることがたくさんあった。

意外に思われるかもしれないが、本当のことを言えば僕にも大谷翔平という男の本質は見えていない。もしかしたら、ファイターズの選手のなかでも一番分かりにくいタイプかもしれない。

ファンの皆さんに愛されるあの屈託のない笑顔も、マウンドやバッターボックスで見せる負けん気の強さも、もちろんみんな大谷翔平の一部なんだけど、じゃあ本当の彼がどういう人なのかと言われると……。全部大谷なんだけど、全部大谷じゃない。

なぜ、それが分かりにくいのか。実は彼自身も、まだ本当の自分のことが分かってないんじゃないだろうか。いわゆる「演じている」というのとは少しニュアンスは違うが、きっと本人にも、自分は大谷翔平でいなきゃならない、苦しいけどみんなが喜んでくれるんだったら、それを絶対にやってやるんだ、という強い気持ちがどこかにあるんじゃないだろうか。そのために、ただがむしゃらに感じたことをやっているだけなんじゃないかって。

このことは、いつかぜひ本人に尋ねてみたい。僕がユニフォームを脱いだあとに、いつの日か必ず。

ただ、これだけは言える。「本当に誰も歩いたことのない道を歩きたい」という彼の言葉は、紛れもなく大谷翔平の本質を示す真実の言葉であり、これからも堂々とその道を歩いてゆくに違いない。こっちはこっちで、そのために全力を尽くすだけだ。

ところで、若い西川遥輝や中島卓也を使いはじめるとき、これだけは約束してほしいとお願いした。

「最後まで一塁に全力疾走してくれ。もう、それだけでいい」

一方、大谷翔平にはいきなりこう言った。

「天下を取れ」

もちろん天下なんて、そうやすやすと取れるものじゃない。だからこそ、天下を取るためにはどういう生活をしなきゃいけないのか、どういう練習をしなきゃいけないのか、それを必死に考えてほしかった。それを考えたら、若いときに遊び歩いている暇なんてないだろって、そういう意味で。

当時はまだ18歳だったけれど、「責任があるんだ」という話もした。自分の好きなことをやらせてもらうからには、責任も果たさなきゃいけない。夜、食事で外出するときは、必ずメールで報告するように約束させたのも、管理しようということではなく自覚を促すためだった。当時、その言葉をどう受け止めたかは分からないけど、彼はそういうことに気付く男だから。

大谷と交わした約束は、彼との約束というよりも、むしろ自分との約束だったのかもしれない。「責任があるんだ」という言葉は、そのままこちらに返ってくる。いろんな夢があるなかで、絶対にまずはファイターズでやるべきだと信じていたし、そうさせたわけだから、本当にファイターズに来てよかったと言わせないと、それは嘘をついたことになる。

これは記者にも内緒にしてきたことだが、今年、先発の大谷が崩れ、試合を落とした日の夜、彼からある意思表示があった。悔しくて悔しくて、どうにも我慢できなかったんだろう。「もしチャンスがもらえるなら、明日も使ってほしい」と。二刀流で勝負している大谷だが、それを続けていくためにも登板した翌日は完全休養日と決めている。それはチームの決め事であり、当然、本人も認識していることだ。それが分かっていながら、ピッチャーとしてやられた分、明日、すぐにでもバッターとしてやり返したい、チームに貢献したい、という気持ちの表れだった。気持ちは分かるが、それはできない。理由は、チームの約束事だからというだけではない。

今年の前半戦、指名打者としてスタメン出場した際の成績は思いのほか振るわなかった。それはそれで正当に評価しなくてはいけない。そして、何よりも天下を取らせるために、いま、彼には我慢を経験させられる最後のチャンスだと思っている。大谷翔平だから、出たいときに試合に出られるとは思わせたくない。自分の思った通りにすべてはならないということを伝えておかなければいけない。

いつかこちらが頭を下げて、投げた次の日に「出てくれ」と頼む日がくるかもしれないが、いまはまだその時期じゃないと判断した。

監督にとってもちろん勝ち負けは重要だ。しかし、選手のことを思えばこそ、ときには優先順位を入れ替えてでもしなければならないことはある。

気付ける。考えられる。周囲が見られる。

～田中賢介～

監督・栗山英樹の初采配となった2012年、ライオンズとの開幕戦、メンバー表の一番上に名前を書き込んだのはチームのキャプテン、1番セカンド・田中賢介の名前だった。

初回、その田中賢が選んだフォアボールがきっかけとなり、ファイターズは幸先良く3点を先制、それが会心の開幕戦勝利につながった。

さらに翌日、2対3の1点ビハインドで迎えた9回裏、同点に追いつき、なおも1アウト1、3塁という場面で、田中賢が劇的なサヨナラタイムリーヒットを放ち、チームは2連勝を飾る。不安でいっぱいだった新人監督の目に、背番号3がどれほど頼もしく映ったことか。

その年のオフ、海外FA権を行使して念願のアメリカに渡った賢介は、サンフランシスコ・ジャイアンツなどで2年間プレーしたのち、日本球界復帰を決意し、古巣であるファイターズに戻ってきてくれた。

昨シーズン限りで稲葉篤紀、金子誠という、長年チームを牽引し続けてきてくれたふたりが引退し、より一層若返ったチームにとって、プロ16年目を迎えるベテランの加入は大きかった。しかも、ブランクがあるとはいえ、誰よりもファイターズのことを知り尽くした男である。

結果的に、彼の復帰なくして、今シーズンの成績はありえなかったといって差し支えないだろう。

この田中賢介という選手からは、たくさんのことを学ばせてもらった。そして、いまなお学び続けている。監督が選手から学ぶ、というと違和感を覚える方もいらっしゃるかもしれないが、実感をそのまま伝えようと思ったら、どうしてもそういう表現になってしまう。

その学びの最たる例が、一流になるための条件だ。田中賢の姿を見ていると、成功するためのいくつもの条件がはっきりと浮き彫りになってくる。

まず、気付ける。

考えられる。

周囲が見られる。

もっとよくなりたいという思いが強い。

自分の力を過信しない。

そして、最後は自分を信じられる。

これらの条件をすべて満たしてこそ、プロ野球選手は初めて一流たりえる。いや、おそらくこれは野球選手だけに限ったことではない。あらゆる世界に共通していえる、一流になるための条件なのだと思う。

自分の現役時代を思い返してみると、正直、こんな発想はまるでなかった。体力を付けて、技術を磨けば必ず一流になれると信じ、がむしゃらに練習をこなすだけで精いっぱいだった。いまさらながら、つくづく未熟な選手だったことを痛感させられる。


さらにもう一点、田中賢介という選手を表すとき、非常に特徴的なのが無類の頑固さだ。誰が何を言おうと、自分が納得するまではまったく聞き入れようとしない。先輩やコーチ、監督のアドバイスさえもさらっと聞き流してしまう頑固さ、よい意味での図太さが彼には備わっている。

こちらからしてみれば、そんな田中賢のようなタイプのことを、言うことを聞かないやつだとレッテルを貼ってしまうのか、それとも納得させたらとことんやってくれるやつだとポジティブに評価するのか、そのあたりが分かれ目といえそうだ。

後者のスタンスを取ってしまえば、納得させるためにこっちも必死になるし、そういう選手は正しいことを伝えたら必ず反応してくれる。ある意味、そこはとても分かりやすい。

今シーズン、少し調子を落としていた時期に、田中賢が話しかけてきた。何かと思ったら、「いま、読んでおいて勉強になる本はないですか?」って。そんな選手、ほかにはいない。頑固で、図太くて、貪欲で。どうやら一流になる選手の欲は尽きることがないようだ。

the relationship with Player

特別扱いしているからこそ、自分で気付く

～中田翔～

僕は中田翔のことを特別扱いしている。

それは彼を甘やかしているとか、特例で許していることがあるとか、そういった意味ではない。金髪だって、ネックレスだって、ガムのことだって、彼に許していることはみんなに許している。ただ、チームのなかにそれを好んでやる者と、そうでない者がいるだけだ。

では、いったいどこが特別扱いなのか？

選手たちは、みんなバラバラの環境で生まれ育ってきたのだから、何かひとつのことを理解するにしても人によって感じ方は異なるだろうし、成長の仕方だって違うはずだ。それを凝り固まった考えで縛り付けて、大切な素材を殺すことだけはしたくない。だからこそ、決して差別はすべきではないが、状況によって区別することは必要になってくる。チームのルールは守らなければならないが、扱いは人によって違う。つまり、みんなをそれぞれに適した形で特別扱いしているということだ。

もう一度、中田の個性的な髪型やネックレスのことを例に挙げてみよう。

彼は、プロ野球界を代表するスター選手たる者、もう少し身なりをきちんとすべきだ、という苦言を度々頂戴してきた。

ただ、彼は決してルールを破っているわけではない。ファイターズには、「チームでの移動の際には必ずスーツを着用すること」といった、身だしなみに関するチーム内の約束事はいくつか設けられているが、そこに髪型やネックレスなどのアクセサリーを制限するものは含まれていない。そこまで縛り付けるべきではない、というのが球団の基本的な考え方だ。

例えばの話だが、もし髪型を制限したらもっとアクセサリーが奇抜になるかもしれない。そこでアクセサリーまで制限したら、また別なところに反動が出てくるかもしれない。つまるところ自分で気付き、自分の意思で変えていかなければ、まったく意味がないのだ。最終的には、本人の自覚の問題ということになる。

もしあの個性的なスタイルをファンの皆さんが不快に感じて、中田のことを応援しなくなったらどうなるだろうか。それでもきっと彼は自分を変えようとはしないだろう。戸惑い、もがきながらも己のスタイルを貫くに違いない。決して周囲の反応を窺っているわけではないからだ。中田翔が中田翔らしくあるためにどうあるべきか、いまはまだそれを模索している段階にある。そして、その答えが本人のなかにしかない以上、時間をかけて待つしかないのだ。

ただ、組織である以上、「ダメなものはダメ」とされるものは必ずある。ファイターズの場合、全力疾走を怠ったら、それはダメ。悔しさあまってバットやヘルメット、グローブに八つ当たりしようものなら、それは絶対にダメ。確実に注意される。

選手たちには、なぜそれがダメなのか、どうか自分で気付いてほしい。そういったことに自分で気付ける選手を育てることが、監督である僕に与えられた最大のミッションだと思っている。

数字以上の、進化の証

the relationship with Player

～吉川光夫～

今シーズン、嬉しかったことはいくつもある。吉川光夫が輝きを取り戻してくれたのも、そのひとつだ。

監督1年目の2012年は、ダルビッシュ有が抜けた穴をどう埋めるか、というのが最大のテーマだった。ダルビッシュは入団2年目から6年連続で12勝以上をマークしており、ファイターズでのラストシーズンとなった2011年は、12球団ナンバーワンの232イニングを投げ、18勝6敗というまさに不動のエースだった。

「エース（ピッチャー）と4番（バッター）だけは出会いなんだ」と教えてくれたのは、野村克也さんだった。エースは作れないのだとすれば、まずはエース格になりうる素材を見つけなければならない。春季キャンプでそれに値する選手を探したとき、真っ先に目に止まったのが6年目のサウスポー、吉川光夫だった。

過去の通算成績は6勝18敗という、いわゆる鳴かず飛ばずのピッチャーだったが、ひと目で「絶対に二桁勝てる」と確信した。本人には「自分で納得のいくボールさえ投げてくれれば、たとえ打たれても構わない」「今年ダメだったら、オレがユニフォームを脱がせる」と覚悟を促した。

そして、2012年シーズン2試合目の登板となった4月8日のマリーンズ戦で143日ぶりの白星を挙げると、覚醒した吉川はシーズンを通して堂々たるピッチングを続け、最終成績は14勝5敗、最優秀防御率のタイトルも獲得し、見事パ・リーグのMVPに輝いた。

あの年のことで、いまだから書けることがある。

読売ジャイアンツとの日本シリーズ、東京ドームで連敗し、札幌ドームに舞台を移した第3戦の試合前のことだ。第1戦に先発し、次の登板は第6戦以降と決めていた吉川が、第5戦に投げさせてほしいと直訴してきたのだ。その時点で仮に王手をかけられていたとしても、ヒジに不安を抱える彼を中4日で行かせるわけにはいかない。それは覆らない大方針だった。

そのときのことには前著（『伝える。』）でも触れているが、彼とのやり取りを詳細に書くことは控えさせてもらった。それをつまびらかにすることがその後のさまざまなことにどんな影響を及ぼすか、はかりかねたからだ。

あのとき、監督室でヒジの状態を尋ねると、吉川はそれには答えず、ピッチングの修正点は分かったから第5戦に投げさせてほしいと訴えてきた。

「そういうことじゃなくて、オレは日本シリーズよりもおまえの将来のほうが大事だから」

「でも、僕、投げないと絶対に後悔します」

「無理して潰れたピッチャーはみんなそう。そのときは大丈夫だと思って、無理して投げて、あれおかしいなと思ったときにはもう投げられなくなっている。オレはそれを見てきたの。オレはおまえを潰すわけにはいかないから。次、第7戦ね」

するとと珍しく吉川が、ものすごくムッとした顔をした。

「なんだよ、それ。おまえ、怒るの？」

「怒ります」

そこから、せきを切ったようにまくしたててきた。

「投げて壊れたりしない。絶対に壊れませんから。そんなことを言ったら、いまよりシーズン中のほうがよっぽど不安でした。壊れるなら、もう壊れています。だから、絶対に大丈夫です。投げて壊れたなんて、絶対に言いませんから」

「その熱い思いがあるなら、来年のシーズンに向けてほしい」、そう頼んだが、まるで聞く耳を持ってくれなかった。

「でも、監督、もしここで投げなかったら絶対に後悔して、来年うまく投げられないです。僕、ダメになっちゃいますから」

「だから、よく聞け。そういうことじゃない。オレにはおまえを守る責任がある。だから、おまえには投げさせられない。第7戦まで我慢しなさい」

彼の目には、涙が浮かんでいた。

「でも僕、チームにも、監督にも、まだ恩返しできていないんです」

その言葉を聞いた瞬間、それまでは必死にせき止めていた感情のダムが決壊した。

「バカ野郎。オレの言っている意味がおまえには全然分かってない。一番大切な人のために、家族に喜んでもらうために野球をやろうって言ったよね。オレのことなんて全然関係ないから。オレは十分感謝しているから」

「でも、将来って言うけど、いま頑張らなくていつ頑張るんですか、僕は」

自分の将来のことよりもチームの勝利を願う、紛れもないエースの魂の叫びだった。それが、絶対に覆らないはずだった大方針を覆らせ、彼は2日後、2勝2敗で迎えた第5戦の先発マウンドにあがった。

そこでチームが勝利し、日本一に輝いていれば、これはちょっとした美談になったかもしれない。しかし、残念ながら現実は違った。捲《けん》土《ど》重《ちょう》来《らい》を期した第5戦、吉川は3回途中5失点でノックアウトされ、結果、この日本シリーズが彼の苦境への入口となったのだ。

誰しも急激に環境が変われば、体のことだったり、心のことだったり、周囲の捉え方だったり、自分が置かれている立場に対する責任だったり、そういった難しい面が次々と出てくる。真のエースとしての活躍を期待された翌年、開幕投手を務めると、最後まで先発ローテーションを守り抜いたが、7勝15敗という成績でチームは北海道移転以来初の最下位を経験した。

さらにその次の年には、開幕直後の不振から二軍降格も経験し、登板数はわずか13試合にとどまった。

プロ野球は一年活躍すればいいという世界じゃない。継続することの難しさを痛いほど味わい、それを我々に教えたくれたのが吉川だった。

今年のキャンプ中、ミスタープロ野球にあやかろうと、長嶋茂雄さんの誕生日である2月20日に大谷翔平の開幕投手を発表した。吉川を呼んで話をしたのはその前の日のことだ。2年前、彼には一通の手紙を渡している。そこには、「オレが監督をやっている間はずっとおまえが開幕投手だ」、そう書いた。その約束を破るからには、直接彼に断っておかなければならないと考えたのだ。

「悪い。分かってくれると思うけど、今年は、大谷で行く」

不思議なもので、その日を境に彼とはしょっちゅう会話をするようになった。そうしようと決めたわけではないのだが、内容が良くても悪くても、登板後には必ずふたりで話をする。それはシーズン中、ずっと続いた。

そして、開幕投手の座を後輩に譲った勝負の年、メンドーサと並ぶチーム最多の26試合に先発した吉川は、見事に二桁勝利をマークした。11勝8敗は3年前の数字には及ばないものの、それだけでは比較できない進化の跡も見せてくれた。それがあの頃の彼にはできなかった、継続をもたらしてくれるものだと信じている。

自分の仕事を遂行することだけに集中する

～増井浩俊～

いま、ファイターズの勝利の瞬間、最後のマウンドにいるのはいつも増井浩俊《ますいひろとし》だ。

彼には本当に頭が上がらない。本来、クローザーには1イニング限定で任せるのがベストなのだが、チーム事情がそうもさせず、8回途中からゲームセットまで、いわゆる「イニングまたぎ」をお願いすることも一度や二度ではなかった。いつも無理をさせている。でも、いまこのチームにそれを託せるのは、増井しかいないのだ。

大学、社会人を経て、25歳でプロ入りした増井は、1年目の2010年、先発として13試合に登板し、3勝4敗という成績だった。その翌年、セットアッパーに配置転換されると、いきなり56試合に登板し、武田久《たけだひさし》という抑えの切り札へとつなぐ中継ぎ陣の一員としてブルペンに欠かせない存在となる。

　そんななか、彼にクローザーを経験させるきっかけとなったのは、2012年、シーズン序盤の武田の故障だった。守護神の戦線離脱というチームの危機を救ってくれるのは誰か。ブルペンを見渡したとき、150キロを超えるストレートと、フォークボールというウイニングショットを武器とする増井は、理想的な資質を備えたピッチャーに映った。

　また中継ぎは、試合展開や打順の巡り合わせによって出番はまちまちだ。いつもは8回に登板することが多くても、状況によっては6回、7回でも行かなければならないことはある。その点、抑えがマウンドに上がるのは最終回とほぼ決まっているため、そういう意味では準備しやすい面があるともいえる。だから、セットアッパーとして経験を積んできた増井ならば、より集中できるクローザーは十分にやっていけると考えた。

　ところが、当初はなかなかすんなりとはいかなかった。原因は、おそらく力みだった。もともと、つねに全力投球を信条とするタイプなのだが、クローザーを任されたことによる戸惑いと責任感から、余計な力が入り過ぎて本来のピッチングができなかったのだ。他《ひ》人事《とごと》っぽく聞こえるかもしれないが、いかにも生真面目な増井らしい一面だ。ここはコントロールだけ注意してとか、ここは絶対に振ってくるから何も考えずにワンバウンドになるフォークでいいとか、相手を見ながら組み立てるピッチングができるようになるまでには少しばかり時間が必要だった。

　その後、抑えの仕事に慣れてからの彼の仕事ぶりは、野球ファンなら誰もが知るところだ。セーブ数はチームの成績にも大きく左右されるため、今年、ぶっちぎりで優勝したホークスのサファテには及ばなかったものの、シーズン39セーブは堂々たる数字といえる。頼もしい限りだ。

　そんな増井だが、実はここだけの話、彼とはあまり野球の話をしたことがない。今年は特に抜群の安定感だったが、その秘訣を尋ねるようなことも一度もなかった。キャスター時代であれば、間違いなく取材を申し込んで根掘り葉掘り聞き出したい選手のひとりだが、いまの立場ではその欲求も湧いてはこない。万が一、増井でやられても納得できる、その全幅の信頼がすべてだ。

　ここ数年、常々感じているのは、チームで何も気掛かりな点がない選手というのはまずいないということだ。一人ひとり、何かしらの不安要素があって、監督はいつも心配している。だが、今年の彼にはそれがまったくなかった。そんな選手はほかにはいない。いま、監督に一番心配をかけていない選手、考える時間を奪わない選手、それが増井なのだ。

彼のことを見ていると、他人に左右されない芯の強さのようなものを感じる。いつもチームの勝利のために、自分の仕事を遂行することだけに集中して野球をやっているように見える。もしかすると、クローザーの第一条件とはそういうことなのかもしれない。

そういえば、そんな彼が札幌ドームでいつもと違う一面を見せてくれたことがあった。ある日、ふたりのお子さんと手をつないでロッカールームにやってきたのだ。あのときのいかにも優しそうなお父さんの表情が忘れられない。そして、マウンドに立ちはだかる増井がどうしていつもあれほど頼もしいのか、その理由が分かった気がした。愛する者を守るために、選手たちには譲れない場所があるのだ。

the relationship with Player

戦う気持ち、心の在り方は能力、技術をも支配する

～宮西尚生～

今年、勝利の方程式を担うセットアッパーのひとり、宮西尚生をチームのキャプテンに

指名した。プロ野球チームのキャプテンはレギュラークラスの野手が多く、ピッチャーが務めるのは異例だそうだ。

たしかに野手は全試合に出場することが可能だし、出ていないときもずっとベンチにいられるので、チーム全体のことを把握しやすいのは間違いないだろう。だが、野球はベンチにいる選手だけで戦っているわけではない。試合中、ブルペンと呼ばれる投球練習場には、いつ訪れるか分からない出番に向け、毎日スタンバイし、肩を作っているリリーフ投手陣がいる。そのブルペンのまとまりが勝敗に及ぼす影響はとても大きい。少し離れた場所にいるからこそ、チームが一丸となるためには彼らの意識付け、方向付けが重要になってくる。プロである以上、誰でも自分の評価は気になるところだが、それよりも何よりもチームの勝利のために戦うという意識付けを日々徹底する。その役目を彼に期待し、結果、それは大正解だった。

宮西はプロ8年目を迎えた30歳で、学年でいえば増井のひとつ下にあたる。ルーキーイヤーから8年連続で50試合以上の登板を果たしている現代の鉄腕だ。

彼にキャッチコピーを付けるとすれば、シンプルに「魂のピッチャー」がふさわしい。

もちろん素晴らしい球も持っているが、とはいっても１５０キロを超える豪速球があるわけではなく、手も足も出ないほどの決め球、伝家の宝刀を携えているわけでもない。それでも長い間、毎年50試合以上に登板して、きっちりと結果を残している。しかも、厳しい場面になればなるほど彼の特長が出る。それは何かと言えば、絶対にこのバッターを打ち取ってやるという強い気持ちであり、ひと言でいえば「魂」ということになる。そういった戦いの原理原則、必要不可欠なものが彼の生命線であり、最大の武器なのだ。

シーズン中には公表できなかったが、この本が出版されている頃、おそらく彼は手術を受けているはずだ（10月20日に手術）。左ヒジのネズミ（遊離軟骨）含めていろいろあって、今年の宮西は普通であれば全然投げられないような状態だった。そこそこのレベルのピッチャーだったら途中で登録を抹消され、シーズンの半分も投げられていなかったと思う。その痛みをこらえながらチームのために投げ続けてくれた。最後までファイティングポーズを取り続けてくれたことのすごさを、いま、改めて感じている。

あれは打たれた翌日だっただろうか、宮西が「この場所（勝ちパターンのセットアッパー）で投げていていいんですか？」と涙ながらに聞いてきたことがあった。自分でも納得のいくボールが投げられないことに相当なジレンマを抱えていたのだろう。「僕が投げるとチームに迷惑をかけてしまう」と訴えてきた。「本当に投げられない状態だったら考えるけど、行ってもらっている以上、宮西で負けるんなら仕方がないと思って使っている」、それは気遣いでも励ましでもなんでもない、心からの本音だった。

それからヒジの状態がよくなったわけではないものの、彼はシーズンのラストまでしっかりと仕事をまっとうしてくれた。プロの戦いはその能力や磨き上げた技術をぶつけ合うものではあるのだが、戦う気持ちや心の在り方がそれらをも支配するということを宮西は示してくれている。ブルペンでともに日々を過ごしている若手たちは、それを感じ、成長の糧としてくれているはずだ。

the relationship with Player

自分にしかできない役割を作る

～谷元圭介～

2015年、チーム一の登板数を記録したのは谷元圭介《たにもとけいすけ》だ。自己最多となる61試合に投げた。身長は167センチとチームで最も小柄だが、実はものすごい筋肉をしている。じゃなかったら、あれだけのボールは投げられない。

彼の最大のストロングポイントは、勝っていても負けていても、早い回でも遅い回でも、短いイニングでも長いイニングでも、どんな展開でもいつも変わらず、淡々と自分のピッチングができるところにある。これは、すごいことだ。年々、分業化が進むプロ野球の世界にあって、万能であることの価値はむしろ高まっているともいえる。それだけで十分に商売道具になるということだ。

そして彼自身、それがオンリーワンなんだということを分かってきてくれたように思う。ファイターズには自慢のリリーフ投手がほかにもいるが、谷元の仕事が誰にでもできるかというとそれは難しい。あれほどの能力があればもっと後ろのイニング、8回や9回を任せることもできると思うのだが、そこに回したとき、彼のいまの役割を果たせるピッチャーはほかにいないのだ。いま、彼だけの場所というのが確実に存在する。そして、球団がその価値を正当に評価していかなければ、本当に強いチームを作ることはできない。

リリーフのなかではゲームの最後を締めるクローザーが花形のように思われている。実際、それをやりたいと思っているピッチャーは多いのかもしれないが、チームからすれば先発とクローザーだけで試合に勝つことはできない。その間をつなぐ中継ぎ陣がいてくれてこその勝利への道だ。そう考えると重要なのはやはり適材適所ということになる。選手には自分にしかできない役割を作る強さみたいなものが求められる、そんな時代だ。

どんなシチュエーションでも変わらず自分の力が発揮できる谷元は、過去に流行語にもなった「鈍感力」が高いと言えるのかもしれない。大事な試合だから、大事な場面だから、そういったことを意識し過ぎない。だから、必要以上に力むこともない。前に増井のことを書いたが、彼とはまったく逆のタイプなのかもしれない。

谷元のような選手が自分の形を作ってくれると、ほかの選手へのメッセージにもなる。そういう意味でも彼の活躍は大きかった。

the relationship with Player

失敗からしか得られない財産がある

～陽岱鋼～

ファイターズには、陽岱鋼という男がいる。

台湾出身の彼は、野球留学でやってきた福岡第一高校で3年間を過ごし、2005年の高校生ドラフト1位で入団した。

ひと言でいえば、天真爛漫。思うままに振る舞い、思うままにプレーすることがチームに勢いを与える、そういったほかの選手とは明らかに違うものを持っている。いつも自分らしくいてくれることがチームの勝利につながる、そういうタイプの選手だ。

それでいて打つだけでなく、3年連続ゴールデングラブ賞を受賞した超一流の外野守備はもちろん、バントや走塁などのいわゆるチームプレーでも力を発揮する。ベンチの要望にすべて応えられるという意味では、選ばれた特別な人という印象もある。

そんな岱鋼が、ひどく落ち込んでいたことがある。昨年（2014年）のクライマックスシリーズのときのことだ。

バファローズと対戦したファーストステージ、岱鋼は不振を極めた。14打数1安打、三振の数は8つを数えた。

2014　CSファーストステージ　対バファローズ
第1戦　三振　一ゴロ　三振　三振　四球

第2戦　三振　遊ゴロ　右飛　三振　中安
第3戦　三ゴロ　三振　三ゴロ失　三振　三振

さらに、ホークスとのファイナルステージでも第2戦まで快音は響かず、いつも陽気な岱鋼からついに笑顔が消えた。

2014　CSファイナルステージ　対ホークス
第1戦　三振　中安　二ゴロ　三振
第2戦　三振　三振　遊ゴロ失　死球

昨年、ペナントレースでの岱鋼の活躍は素晴らしかった。決して打撃好調とは言えなかったチームにあって、チームトップの打率2割9分3厘、ホームランの数でも中田翔に次ぐ、25本を記録した。岱鋼の存在なくして、Aクラス入りは難しかったかもしれない。

そのクライマックスシリーズ進出の立役者が、大勝負の舞台でスランプに陥った。短期決戦には往々にしてあることだ。一度調子を崩してしまうと、わずか数日の間にそれを取り戻すのは難しい。

責任を感じた岱鋼は「自分が打てないせいで……」と頭を下げてきたが、彼を外して戦うという選択肢はまったくなかった。決して「おまえのおかげでここまで来られたんだから……」といったような精神論ではない。どうあれ、岱鋼抜きで勝てるとは到底思えなかったのだ。失敗を恐れず、ただ自分らしくプレーしてほしい、願いはそれだけだった。それがチームの勝利につながる選手だということはよく分かっていたから。

1勝1敗で迎えた第3戦、岱鋼は2打席連続ホームランを含む、3安打5打点の大活躍で勝利に大きく貢献した。

2014　CSファイナルステージ　対ホークス
第3戦　右本　中本　三振　左安　三振

しかし、最終戦までもつれ込んだファイナルステージは、最後に競り負け、残念ながら日本シリーズ進出を果たすことはできなかった。試合後のベンチには、珍しく真っ赤に目を腫らせている岱鋼の姿があった。

2014 CSファイナルステージ 対ホークス
第4戦 三振 三振 遊ゴロ 三ゴロ 三振
第5戦 三振 二ゴロ 三振 三振 四球 三振
第6戦 三振 遊ゴロ 左中二 遊ゴロ

彼ほどの実績を残してきた選手が、あそこまでの悔しさを味わう機会はそう多くはない。負けてよかったとは言わないが、負けなければ経験できないこと、失敗からしか得られない財産というのは間違いなくある。問われるのは、それを次に生かせるかどうか、だ。

the relationship with Player

「志」があるから耐えられる

～杉谷拳士～

杉谷拳士というのは、なんとも不思議な雰囲気を持った選手である。

誤解を恐れずにいうと、小学生みたいな感じ。杉谷と接していると、なんとも言えず、小学校の先生になったような気分になるときがある。

ある日、プロ野球選手になることを夢見て、それから夢中になって野球を楽しんで、こんなふうになりたい、あんなふうになりたいって夢をどんどん膨らませて、そのピュアな気持ちを抱いたまんま中学生になって、高校生になって、そして気付いたらプロになっていた。今年で24歳になったけど、言ってみれば小学18年生って感じだろうか（笑）。

いつも元気に大声を出している印象があるけど、ただ無邪気で子どもっぽいだけかといったら、そんなことはない。すごくナイーブだし、繊細な一面も持ち併せている。その繊細さに自分が飲み込まれてしまわないよう、努めて騒いでいるようなところがある。

それから、いつも周囲の目を気にしている。ここで初球から手を出していったら、打ち急ぎだって怒られるんじゃないかとか、手を出さずにたちまち追い込まれたら、積極さが足りないって叱られるんじゃないかとか。そういうときは必ず指摘するようにしている。「おまえ、また周りのことを気にしている」「人がどう思おうと関係ないんだ」って。

考えてみれば、試合中に選手を呼んで直接アドバイスするのは、杉谷くらいのものかもしれない。アドバイスと言えば聞こえはいいが、ときには「あれこれ考えないで、初球からストレートにヤマを張って、1、2の3で振れ！　バーカ！」などと、叱咤激励とも罵声ともつかない感情的な言葉をぶつけたりする。それを言わせるのは、彼の特長だ。杉谷には、人に何かを言わせる純粋さ、言ってもらえる環境を作る才能がある。

8月のある試合で、そのキャラクターを象徴するような場面があった。この日、杉谷は1番ライトで先発出場したのだが、試合前からみんなにいじられ、ベンチには笑いが起こっていた。前日、悔しいサヨナラ負けを喫したにもかかわらず、重苦しいムードは微塵も感じられない。

先輩から、「おまえ、1打席目で打てなかったら、すぐ交代だからな！」と突っ込まれた杉谷は、「オレ、絶対打ちますから！」と言い放って颯爽と出ていった。その結果は……、一球も振らずにあっさりと三球三振。「ふざけんなよ、おまえ！」って心のなかで舌打ちをしていたら、監督の心中を察してか、みんなが「交代、交代！」って大声で突っ込んでくれていた。そういう選手なのだ。

ただ、そんな杉谷のことを、僕はとても買っている。

スタメン出場の機会こそそんなに多くはないが、それにも理由がある。どんな試合にも、終盤になれば必ず一度や二度、勝負どころは訪れる。そんなとき、スイッチヒッター（左右両打ち）の杉谷は代打でもいける、脚が速いから代走でもいける、少ない得点差を守りきりたい場面では守備固めでもいける。つまり、あらゆる場面を想定して、なんとしてもベンチに置いておきたい選手なのだ。ファイターズには脚を使える選手はたくさんいるが、ここ一番の盗塁や走塁で思いきった勝負ができるのは、やっぱり杉谷拳士ということになる。ああ見えて、実は何かを持っていると思わせてくれる。

あるとき、たまたま早い便で移動しようと思ったら、空港で杉谷と一緒になった。「拳士、いろんなことあるけど心配するな」って声を掛けたら、「監督、僕、モノになりますかね……」と言ってきた。たぶん、それが彼の本音なのだろう。子どもの頃から夢見てきたプロ野球選手になって、いま、成功を目指して必死にもがいているんだけど、やっぱり不安でしょうがないんだと思う。

そんな彼には、こう伝えたい。一番大事なものは「志」。自分はこうするんだというものがはっきりしていれば、いろんなものに耐えられるし、頑張れる。単純に、最後はそこに尽きるのだ。その「志」を、杉谷拳士は持っている。

うまくいかないものがあるから得られるものがある

〜近藤健介〜

今シーズン、最も成長した選手をひとり挙げろといわれたら、おそらく近藤健介の名前を挙げるだろう。高校野球の名門・横浜高校からドラフト4位で入団して4年目の選手だ。

今年、パ・リーグにはふたりの化け物がいた。ひとりは打率3割以上、ホームラン30本以上、盗塁30個以上のトリプルスリーを達成したホークスの柳田悠岐、もうひとりは歴代3位タイとなる31試合連続ヒットを記録したライオンズの秋山翔吾《あきやましょうご》だ。このふたりの首位打者争いがあまりにもハイレベルだったため、やや霞んでしまった印象はあるが、近藤の打率3割2分6厘は、例年ならばタイトルを獲得してもおかしくない堂々たる数字だ。張本勲《はりもといさお》さんに代わって、監督から「あっぱれ」を送りたい（笑）。

しかし、そもそも近藤は、第一にキャッチャーとしての守備力が高く評価されて指名された選手だった。今年、ある野球雑誌の特集でうちの若手選手の対談が企画され、そこで近藤自身も「僕はバッティングがよくてプロに誘われたんじゃなくて、肩がよかったら声を掛けてもらえたんです」と語っていたそうだ。それほど、高校時代から彼の強肩は魅力的だった。

ところが、その近藤がまさかのスローイング難に苦しめられることになる。

3月27日、イーグルスとの開幕戦、7番キャッチャーとして先発出場を果たした近藤は、今シーズン、正捕手の座を目指すはずだった。

だが、試合を重ねるにつれ、スローイング難に端を発する守りのミスが目に付き始め、休養の意味も含めた欠場も増えていった。

札幌ドームのブルペンはベンチの裏にあり、スタンドからファンの皆さんがその様子を見ることはできない。実はあの頃、近藤はベンチに戻るとすぐブルペンに入り、キャッチボールを繰り返していた。ファイターズの攻撃中、打順が回ってくるまでずっとボールを投げ続けているのだ。

彼はプライドが高く、責任感が強く、野球に対する思いも人一倍強い。自分に対する苛立ちはピークに達していたことだろう。しかも、よりによってその苛立ちの原因は、絶対の自信を持っていたスローイングなのだ。その苦悩は想像に難くない。

さらに、ある日の遠征先のホテルでのこと。夜中にトントンと部屋のドアをノックする音が聞こえる。誰かと思ったら、近藤だった。選手が部屋を訪ねてくるのは珍しいことだ。しかも、まずは球団スタッフを通じて、監督に話したいことがあると打診してくるケースがほとんどで、夜中に、しかも直接というのは記憶にない。

部屋に入ってきた彼は、「監督、僕、みんなに迷惑かけて、これでいいんですか……?」とだけ言うと、あとはずっと黙っていた。30分くらい、黙って僕の話を聞き、頷いているだけだった。もしかしたら、もうキャッチャーを辞めたい、と弱音を吐きたかったのかもしれない。でも、最後までそれを口にすることはなかった。大変なのは分かっている。でも、ファイターズは日本一のチームを作るために、日本一のキャッチャーを作ろうとしている。だから、いまは歯を食いしばってでも頑張ってもらうしかないのだ。

ただ、彼は転んでもただでは起きない男だった。どうしたらチームに貢献できるのか、それを考え抜いた末、思い通りに投げられないコンプレックスをバネに、プライドをかけてバッティングに磨きをかけていったのだ。以前から、打つほうでも非凡なセンスを見せていた近藤だが、スローイング難の苦しみが深まれば深まるほど、打席での集中力は研ぎ澄まされていった。

どんな球種、どんなコースにも対応できて、とにかく思いきりバットを振れるのが彼のバッティングの最大の特長だ。思いきり振れるから、強い打球が打てる。その一方で、昨年まではバットを振りすぎてファウルになってしまうケースも目立っていた。また、思いきり振りたいから好球ばかりを待ってしまい、結果、追い込まれて空振り三振ということもある。

それが今年は、「早めに仕留める」ということができるようになった。強い打球を打つことにこだわらなければ、さらに広いゾーンのボールに対応することができる。たとえ守りでミスがあっても、状況に応じたバッティングでそれを取り戻す。7月になると、クリーンナップの一角を担う、5番指名打者が近藤の定位置となった。

彼は守りで苦しんだ分だけ、打つことができた。人間ってすべてがうまくいってしまうと、そのせいでうまくいかないことも出てくるのかもしれない。逆にうまくいかないことがあるから、得られるものもある。苦しいこと、苦手なものがあるからこそ必死になれるし、努力もする。そういった、本来あるべき人の姿、在り方みたいなものを近藤は教えてくれた。

何本も道があると、どの道を進めばよいか分かりにくい

～西川遥輝～

もうひとり、今シーズン、苦い成長痛を経験した男がいる。昨年、43個の盗塁を成功させ、自身初のタイトルとなるパ・リーグ盗塁王に輝いた5年目の西川遥輝だ。

智弁和歌山高校時代、1年生の夏も含め、甲子園に4度出場した野球エリートで、プロの世界でもそのセンスは際立っている。紛れもなく一級品と呼べる素材だ。だが、彼の場合、その類《たぐ》い稀《まれ》なセンスが、成長痛の原因になったと考えられる。

初めてシーズンを通して活躍した昨年、開幕当初はセカンドを守っていたが、チーム事情もあり、夏場以降はおもにライトを定位置とし、今年も外野手としてのレギュラー獲得が期待されていた。ファイターズには同世代の有望な外野手が多くいるが、そのなかでも西川は頭ひとつ抜けた存在と見られていた。

そして、2015年、開幕当初こそ当たりが出なかったが、4月後半から次第に調子を

上げ、5月後半には打率を3割2分近くまで上げてきた。西川ならば、これくらいはやれて当然、そんな思いで見ていた。

ところが、そこから数字は緩やかな下降線を辿り、いわゆる粘りの感じられない三振も目に付くようになってきた。6月末から打順を1番から9番に変えてみたが、残念ながら目立った変化は見られなかった。

監督になってからというもの、それこそ四六時中、野球のことばかり考えている。それはおもにチームのことだったり、選手のことだったりするわけだが、中でも今年、一番長い時間考えていたのは西川遥輝のことだったような気がする。それは本人にも度々言ってきた。「おまえのおかげで、どんだけ時間を使っていると思ってんだよ!」って。

今年、連続試合ヒットの日本記録に迫ったのは、ライオンズの秋山翔吾だった。先を越された、という気持ちだ。というのもここ数年、近い将来、ああいうふうになるのは西川遥輝だと思っていたからだ。なぜ、先を越されたのか。秋山と西川、ふたりの差はどこにあるのか。

その答えを、こう考えている。ズバリ、西川遥輝は本気になっていない。もちろん一生懸命やってはいるのだが、本当の自分が本人にも分かっていないから、どこに向かって本気になればよいのかが分からないのだ。

「やればできる」という言葉があるが、彼の野球人生は、それこそいつも「やればできる」の連続だったはずだ。うまく打とうと思えば流して左方向にヒットが打てるし、強く打とうと思えば引っ張って右方向にホームランだって打ててしまう。走ることも、守ることも、いつだってやれば必ずできてきたに違いない。それが才能であり、センスというものだ。

それは目の前に何本もの道が続いている状態ともいえる。たくさんの可能性があるという意味では素晴らしいことだが、何本もあるがゆえに、いったいどの道を進めばよいのかが分かりにくい。

仮にほかの道がすべて閉ざされていて、進める道が1本しかなければ話は簡単だ。自ずとそこを進むしかないのだ。だが、彼の場合はそうではない。どれを進めば自分は本当に光り輝くことができるのか、その道が見えてこない。それを探し続けているのが、いまの西川だ。

その一本道が照らされたとき、比類なき才能は必ずや大輪の花を咲かせるに違いない。

できないことを認めたときに道は開ける

～中島卓也～

監督就任まもない頃、ファイターズの若い選手たちがとてもまぶしく見えた。

自分にまだ人の評価をできるような経験も力量もなかったときに出会った選手ほど、彼らが心のなかに持っている真っ白な部分が見えやすかったのかもしれない。その混じりっけのない白さが、まぶしく映ったんだと思う。彼らはきっと輝く、絶対に輝かせるんだというふうにそこで抱いた信念みたいなものは、その後の大きなモチベーションになった。

中でも、特に印象的だった４人がいる。それが当時４年目の杉谷拳士、２年目の西川遥輝、１年目の近藤健介といった面々だ。この３人は、いずれも高校野球の名門校出身で、キャスター時代、甲子園でそのプレーを見たことがある選手たちだった。

ただ、もうひとりは、正直あまり見覚えのない顔だった。杉谷と同期の４年目、福岡工業高校からドラフト５位で入団した内野手、中島卓也だ。

今年、初めてオールスターのメンバーにも選ばれるなど、球界を代表するショートストップのひとりに成長しつつある中島だが、当時、周囲に彼の評価を尋ねると、「守備は一軍でもそこそこやれるが、絶対に打てない」「レギュラーになるようなタイプの選手ではない」といった厳しいものが多かった。それでも印象に残ったのは、やはり守備が抜群にうまかったからだ。いますぐにでも使ってみたい、そう思わせるレベルだった。

みんながあまり目をかけていない分、こういう選手がアピールできるようになったときのプラスアルファは、組織にとって絶対に大きなものになる。そんなふうに思って、キャンプ中、中島には時折アドバイスを送った。たしかに話はちゃんと聞こうとする。ただ、実際にそれを試している様子はない。

それがあるとき、アドバイスを聞き入れ、一心不乱に取り組んでいる彼を見かけた。あとから思ったのは、田中賢介によく似ている、ということだ。自分が納得しなければ絶対に動かないが、納得すればとことんやる。その強さは、人としての信頼につながる。

最近では、試合前にこんな光景もよく見かける。向こうで試合前のセレモニーをやっているのに、ひとりだけ目の前で素振りを続け、自分のルーティンを繰り返している。周りが見えなくなるくらい、自分がやらなきゃいけないことをしっかりやろうとする。誰にどう思われようと、全然関係ない。自分がやらなきゃいけないことを、しっかりやるということだけに集中する。そういうところも田中賢介そっくりだ。

その後、期待通りに守備でアピールしてポジションを勝ち取った中島だが、その地位を不動のものとする決め手となったのは守備ではなく、彼が手に入れたもうひとつの武器だった。

その武器とは、名付けて「超広角打法」だ。一般的に野球の広角打法といえば、一塁側と三塁側のファウルラインの内側、つまりフェアゾーンとされる90度の角度内に広く打ち分けるバッティングのことを指すが、中島の場合はその角度が１８０度を超える。だから「超広角打法」だ。

当然、90度を超えてフェアゾーンの外側に飛んだ打球はファウルとなるが、中島はそれも含めて自分のバッティングと考えている。ファウルは直接野手に捕球されない限り、２ストライクまではストライクとしてカウントされ、それ以降は何度打ってもやり直しとなる。そこがポイントだ。

プロのピッチャーは、そういつもヒットにできそうなボールを投げてくれるわけではない。そのため、難しそうなボールはファウルにして、何度もやり直しを繰り返しながら甘いボールがくるのを待つ。彼の狙いはそれをヒットにするか、はたまたボール球をしっかりと見極めてフォアボールを選ぶか。

中島はそのスタイルを確立したことで、勝負の主導権を握ることに成功したのだ。しかも、これを繰り返していれば、必然的にピッチャーの球数は増えていく。チームにとって、これほどありがたいことはない。

では、なぜそのような技術を身に付けることができたのだろうか。そもそも彼は、初めからファウルを狙って打っていたわけではない。前に飛ばそうと思って必死にスイングしていたけれど、打っても打っても横に飛んだり、後ろに飛んだりと、ファウルにしかならなかったのだ。そうこうするうちに、だんだんスイングの形ができあがってきて、それが自分の特長になっていった。そして、ヒットは打てなくてもファウルにできたら試合に出られる、それに気付いた中島はとことんその技術を磨きあげ、いつしかヒットも打てるようになっていた。

打てもしないのに、いつでも打てると思っていたら、たぶんそれには取り組まない。このスタイルを習得できたのも、本人が簡単には打てないことに気付き、それを認めたからだ。

あれは、今年のオールスターゲーム第2戦のこと。中島が左打席に入ると、3塁側のパ・リーグベンチにいたホークスの松田宣浩やイーグルスの嶋基宏《しまもとひろ》がグローブをはめて、ニヤニヤしながらファウルボールが飛んでくるのを待ち構えていた。「来るよ、来るよ！ でも、3ボールから絶対にボール球は振らないからね！」という温かいヤジを耳にしたとき、彼が一人前になったんだということを改めて実感した。本当に認められたんだなって。そういうみんなの対応が、ものすごく嬉しかった。

the relationship with Player

「失敗したあとの姿を大切にしてください」

～飯山裕志～

今シーズンの8月30日のホークス戦で、めったに見られないシーンがあった。

両チーム無得点で迎えた6回表、先頭の西川がレフト前ヒットで出塁した。さらに、脚を警戒したピッチャー、ジェイソン・スタンリッジのけん制が悪送球となり、西川は難なく2塁に進む。

続くバッターの中島には送りバントのサインを送った。どうしても先制点がほしいこの場面、1アウト3塁という状況を作り、勝負強い3番の田中賢につなぎたい。しかし、試みたバントはキャッチャーフライとなり、ランナーも戻りきれずよもやのダブルプレイ。ノーアウト2塁のチャンスは、一瞬にしてついえてしまった。

中島はつなぎ役とされる2番を打つことが多いため、バントが上手な選手だと思われているかもしれない。でも、実はそうでもない。彼を一軍で使い始めた頃はむしろ下手くそな部類だった。それでも、彼のようなタイプの選手は、最初に最低限バントの精度を高めなければ、プロの世界でやっていくことは難しい。それゆえ中島はひたすらバント練習を繰り返し、ベンチからもサインを出し続けた。

その技量も分かってバントさせているのだから、失敗しても半分はサインを出した監督が悪い。どうしても成功させたければ、もっとバントのうまい選手を代打に出して、より確実に送らせればいいのだ。

だからいまのままでいいよ、とは言っていない。当然のことながら、もっとうまくなるためにプロとしてレベルを上げる努力はすべきだ。

ただその一方で、受け入れなければいけないのは、誰にでも失敗はあるということだ。だから、選手たちにはいつもこう伝えている。

「失敗したあとの姿を大切にしてください」

例えば、送りバントが2球続けてファウルとなり、2ストライクに追い込まれたとする。そこで凹んでいても、プラスになることは何ひとつない。そこから3バントのサインが出れば、もう一度冷静に試みればいいし、ヒッティングにサインが変われば、気持ちを切り替えて状況に応じたバッティングを心がければいい。どんな形であれランナーを進めることができれば結果オーライだし、進められなくてもそこから粘ってピッチャーに球数を投げさせることができれば、それでもチームに貢献することはできる。そこでもしヒットでも出ようものなら、結果的には送りバント以上のプラスアルファが生まれたことになる。そういった方向にすぐさま失敗を生かすためにも、失敗を本当の失敗にしないためにも、くよくよしている時間などないのだ。

それと同じで、アウトになったあとも絶対にうつむいていてはダメだ。その次の姿を大事にしてくれと、選手にはずっとお願いしている。だが、これは言うほど簡単ではないということも実は分かっている。失敗したときになんら変わらぬ戦う姿勢を示すには、それなりの経験も必要だ。

さて、そこで送りバントを失敗した中島である。ダブルプレイという最悪の結果に終わり、戻ってきた彼は何も言わず、ベンチに座り込んだはずだ。こんなときに思うことはいつも一緒だ。失敗してしまったものは仕方がない。ただ、その影響でベンチのムードまで暗くなってほしくない。

そして、冒頭に書いためったに見られないシーンというのは、このあとのイニングに起こる。両チーム、7回に2点ずつを奪い合い、同点で迎えた9回表、先頭のレアードがレフト前ヒットで出て、代走に杉谷、バッターの佐藤賢治《さとうけんじ》には代打の飯山裕志《いいやまゆうじ》を送った。バントの成功率ではチームで1、2を争うプロ18年目、36歳のベテランにチャンスメイクを託した。

ところが、さすがの彼にもプレッシャーがあったのか、バントは小フライとなり、キャッチャーがファウルグラウンドで捕って1アウト。大事な場面でランナーを送ることができなかった。

バントをするために出ていって、決められずに帰ってくる選手の胸中は想像に難くない。そんななか、戻ってきた飯山は、ベンチ中に聞こえるような声で「すみません!」とひと言発して席に着いた。その姿が大事なのだ。潔く言ってしまえば、次につながる。それを格好つけてヘルメットを投げつけてみたり、ふさぎ込んでいたりしたら、ズルズルと引きずるだけだ。チームにも悪影響を及ぼす。
飯山のことを付け加えておくと、彼の練習量は尋常ではない。体力のあり余っている20歳前後の選手たちに引けを取らないどころか、いまだにその誰よりもよく練習をする。毎日それを見ているチームメイトの、いったい誰が彼のバント失敗を責めるだろうか。ファイターズは若いチームだからこそ、プロ野球選手のあるべき姿を示してくれる飯山のような存在が絶対に必要なのだ。

the relationship with Player

明るくて元気があるから我慢もできる

～ブランドン・レアード～

助っ人外国人の野手には、なんといっても打力が期待される。大事なところで打ってくれれば、いくつ三振しても構わないし、守りも多少のことには目をつぶる、そんな評価基準になることが多いように思う。

今年、ファイターズにやってきたブランドン・レアードも、ファーストとサードを両方こなせて、その守りもなかなかうまいという評判だったが、とはいえ、やはり一番期待されていたのはバッティングだった。昨年、アメリカでメジャー昇格の機会はなかったものの、AAAで打率3割、ホームラン18本。27歳ということでまだ若く、日本の野球にも順応できそうだ、と好意的な報告がたくさんあがってきていた。

6番サードで先発したイーグルスとの開幕戦、第1打席こそ空振り三振に倒れたが、第2打席以降、いきなり3安打の固め打ちを見せ、上々のデビュー。さらに3戦目、4戦目には2試合連続ホームランを放ち、シーズンを通しての活躍を期待させた。

しかし、わずか数日で打率3割を切ると、そこからどんどん下降線を辿り、5月下旬にはとうとう1割台に突入。たまに大きな当たりは出るのだが、6月などはホームランが4本、ホームラン以外のヒットが5本という、なんとも厳しい状況を迎えていた。

記者からは「どうしてそこまで我慢するんですか?」と何度も質問されたが、答えはいつも同じだった。サードの守備が安定していて、何よりいつも明るくて元気があったから。

それだけで起用する価値があると考えていたので、スタメンから外すつもりはなかった。ただ、ひとつだけ気持ちをごまかしていた点がある。それは記者の質問に「我慢なんかしていない」と答えていたことだ。たしかに多少は我慢もしていた。だが、外すならともかく、どうせ使うなら我慢して使うとは言いたくなかった。だからそう言うしかなかったのだ。

で、その後、レアードはどうなったか。ファイターズファンの皆さんならばよくご存じのことと思うが、7月に7本、8月に6本、9月には9本のホームランを打ち、最終的に中田翔を押さえ、チームトップのシーズン34発を記録した。打率も7月以降に限ると2割7分8厘と大幅に回復し、何度もチームを救い、ファンを喜ばせてくれた。

彼がホームランを打った際に見せる寿司を握るポーズはファンの心をつかみ、いまや札幌ドームの名物のひとつになった。プロ野球はファンが見たいと思う選手を作ることも重要だ。レアードはそう思われる人気ものになった。その功績は大きい。

慣れない異国の地で、なかなか結果を出すことができず、さすがに精神的に落ち込んでも不思議じゃない状況になっても、彼はつねに前向きだった。あのポジティブなエネルギーはチームを動かす推進力になる。本当に使い続けてよかったと思う。

助っ人外国人といってもスーパーマンではないので、日本の生活にも野球にも慣れるまでにはそれなりの時間がかかって当然だ。でも、期待が大きいだけに、慣れる前に見切られてしまうことがある。

どの選手も綿密な調査を経て、数字的な根拠をもって獲得しているはずだ。つまり、誰もが十分に通用するだけの力があるといっていい。そう考えると、レアードのようにあともう少しだけ使い続けていれば、一気にブレイクしたかもしれない選手は過去にもたくさんいたはずだ。その可能性を彼から学ばせてもらった。

the relationship with Player

「ずっと頑張れ」とは言わない

～白村明弘～

皆さんがこの本を読まれる頃には、今年の表彰はすべて終わっているだろうか。

今年のパ・リーグは、シーズンを通して活躍した新人王の資格を持つ選手があまり多くなく、15年ぶりに「該当者なし」の可能性も……などと囁《ささや》かれているようだが、そんななか、ファイターズのふたりが有力候補として名前を挙げられているらしい。

ひとりは早稲田大学から入団したドラフト1位ルーキーの有原航平だ。終盤、思ったように白星を積み重ねることができず、二桁勝利は逃したが、5月15日のプロデビュー以来、しっかりとローテーションを守り、大器の片鱗を見せてくれた。

そしてもうひとりは、慶應義塾大学からドラフト6位で入団した2年目の白村明弘《はくむらあきひろ》である。もともと身体能力は抜群で、当初は大谷と同じく二刀流をやらせてみたいと思ったほどだ。今年、ライバルチームの選手たちが「体感（速度）は大谷より上」と、白村のストレートをかなり意識していたという話も耳にした。ありがたい評価だ。

2年目の今年は、夏場以降、勝ちパターンの継投の一角を担い、リリーフ投手陣に欠かせない存在に成長してくれた。白村にはいまどきの若者には珍しい、いい意味での荒くれ者の雰囲気がある。テレビ中継を観る機会があったらぜひ注目していただきたい。マウンド上で目深にかぶった帽子のすき間から見える目つきがなんともいえず鋭いのだ。

僕がニックネームで呼ぶ選手はあまりいないが、ここだけの話、彼のことは勝手に「以蔵」と呼んでいる。作家・司馬遼太郎さんのファンの方にはお分かりいただけるかもしれないが、小説のタイトルにもなっている『人斬り以蔵』（幕末の世を震え上がらせた人斬り・岡田以蔵の生涯を追った作品）から取ったものだ。これを告白すると、幕末の人斬りの名前で選手を呼ぶとはなんて失礼な監督だと怒られそうだが、あくまでも自分にとっては褒め言葉で、その姿を想像させるくらい勝負どころでの白村の目力はハンパじゃないのだ。

こういうタイプの選手は、舞台が育ててくれる。緊張する場面で投げる、結果を残す、みんなが喜んでくれる。その喜びの体験が、どんどんポテンシャルを引き出していく。緊張する場面であればあるほど、力を発揮し、それをまた力にしていく、そういう男だ。

と、ここまで持ち上げておいて、ここからはあえて厳しいことを書かせてもらう。周囲がどう高く評価していようとも、監督という立場からすれば今年の内容は大いに不満の残るものだった。

彼のことは昨年のクライマックスシリーズでも大事な場面で起用している。そこで及第点の結果を出してくれた。そうなると、2年目の飛躍は誰もが期待するところだ。

しかし、キャンプから開幕にかけての白村には、まったくもって期待を裏切られた。本人にも「おまえ、去年より後退してるからね」と、何度も言い続けてきた。おそらく1年目のラストにそれなりの満足感を得て、気が緩んだのだろう。間違いなく、オフの過ごし方が悪かったはずだ。自分はプロの世界でやっていくんだ、ということへの本当の意味での覚悟がまだできていない。

若い選手たちにはいつもこう言っている。

「ずっと頑張れとは言わない。2、3年だけ死に物狂いでやれ。自分のポジションができたらこんなにいい世界はないから」

彼には、それこそ口が酸っぱくなるほど言った。なのに、白村は出遅れた。オフも彼なりに練習は頑張ったはず。それでも練習、休養、遊ぶことのバランスがうまく取れなかったのだろう。それもしっかり自分の形が作れなければ、劇的な成長にはつながらない。自分の居場所をつかみ取るまでの最初の数年、すべての時間を野球にかけることができた者だけが前に進めるのだ。

そんな白村が、おそらく本人も記憶にないほどの屈辱を味わったゲームがあった。9月20日、札幌ドームでのライオンズ戦、4点リードの8回に登板した白村は、ヒット、デッドボール、ヒット、ヒットで2点を失い、ひとつのアウトも取れずにマウンドを降りた。その後、増井の見事な火消しによって試合には勝ったが、無残なKOを喫した本人の落ち込みは相当なものだった。失敗したあとの姿が大切なのは分かっているが、どうにも感情をコントロールすることができない、そんな様子だった。

彼のように素直さとやんちゃな面を持ち併せているようなタイプは、特に失敗したときほど明るく振る舞ったほうがいい。「すみません！　次、頑張ります！」。そんな単純明快さが、人間関係を円滑にさせる秘訣でもある。後日、本人にもそれを伝えた。

そして、マリーンズとのシーズン最終戦、1対1の同点で8回のマウンドに上がった白村は、3点を失いプロ初黒星を喫した。試合後、記者の囲み取材を受けていると、背後から「お疲れ様でした！」という大きな声が聞こえてきた。引き上げていく敗戦投手の声だった。それでいいのだ。

the relationship with Player

選手と向き合うとき大切なのは「方向性」と「覚悟」

本書では戦いの日々にあって、特に「監督」と「選手」の関係について深く考えさせてくれたメンバーを紹介したが、そのほかにもファイターズにはたくさんの魅力的な選手たちがいて、彼らはいろんなことを教えてくれている。

そんな選手と向き合うとき、大切にしていることがふたつある。

「方向性」と「覚悟」だ。

「方向性」とはどういうことか。歩いている選手の姿がよく見えていても、彼がどこに向かって歩いているのか、その道が見えていないようではダメだ。向かう先が見えていればどんな歩き方をさせてもいいが、見えていないのであれば、まずはそれを見つけてやらなければならない。

その道、向かう先はできるだけ具体的に示してやる。野球はチームが勝つためにやっている。選手は勝つことに貢献すれば試合に出られる。給料はあとから必ずついてくる。

では、チームの勝利に貢献するためにはどういう選手になればいいのか。そうなるためにはどういう生活をして、何を勉強して、どんなトレーニングをして、どういった練習をすればいいのか。その逆算ができれば、自ずと答えは見えてくるはずだ。

プロの世界で活躍できる選手とできない選手の差は、単純な能力差というよりも、それが分かっているかどうかにかかっているように思う。

それが分かったうえで、次は「覚悟」だ。向かう先が見えたら、今度は「その道を進まなければ自分はこの世界で生き残れない」ということを覚悟できるかどうかだ。

「隣の道を行けばもっと楽に成功できるのではないか」というような邪念は振り払わなければ障害にしかならない。

プロ野球選手にとって、本当の意味での「覚悟」とは何か。それができなければ、明日ユニフォームを脱がなければならないかもしれないと本気で思えるかどうか、野球ができるのは今日が最後かもしれないと本気で思えるかどうか、そういうことだ。

口ばかりで覚悟が決められない人間は、絶対にそうは思っていないはずだ。明日もあるし、3年後も野球はできると思っているからそれができない。今日が最後かもしれないと思っていれば、必ず最後までやり尽くそうとするが、明日があると思えばそれすら難しくなってくる。

我々の日々の作業は、そういう意味ではすべて選手に覚悟させるためのものだ。怒ってもいいし、褒めてもいい。結果、それで覚悟させられるなら手段はなんでも構わない。

» chapter 4

第4章

監督に答えは存在するのか

いつも見られていることを意識せよ

まだ肌寒い春に開幕して、暑くて長い夏を越え、冷え込みも厳しくなる秋にようやく日本一が決まる。プロ野球の長いシーズンは、季節の移り変わりとともに進んでいく。

そうすると春から夏、夏から秋と最低2回は衣替えするのが普通だが、ことアンダーシャツに関しては、実はシーズンを通して同じものを着ている。ハイネックの長袖だ。

特にこだわりがあるわけではなく、1年目は半袖も試してみたりしたのだが、夏になればどんな形にしても、どんな素材にしても、暑いものは暑いし、そういう意味では何を着ても大差がない。ならばそう敏感になっていちいち変えることもないだろうと、いつも同じものを着ている。

それが今年、一番暑い時期に西武プリンスドームにいったとき、試合前からどんどん蒸れてきてさすがに我慢できなくなって、せめて気休めにでもと襟なしの丸首を着てみた。そうしたら暑い涼しい以前に、みんなに次々と「監督、痩せましたね」と冷やかされて、バツの悪いことといったら……。50代も半ばに差し掛かると首筋あたりに年齢が出るのか、いつもはハイネックで隠れていただけに、それがかえって目立ってしまったようだ。

しかも、球団スタッフやコーチ陣だけならいざしらず、バレないだろうと思っていた選手たちにもすぐに気付かれて、そのときにハッとさせられた。選手は自分のことなんて見ていないだろうとどこかで思っていたが、やはり見られているのだ。自分の仕草や表情、行動ひとつでチームに何かしらの影響を与えることは十分に考えられる。監督という立場の者はいかにちゃんとしていなければならないか、痛感させられた一日だった。

the answer

走攻守で最も大事なのは「走」

監督になってから特に、改めて「野球」というものについて考えることが多くなった。

ここからは、監督・栗山英樹が学んだ「野球」について書いてみたい。

野球にはほかの球技と大きく異なる点がある。それは、「人」が得点になるということだ。サッカーにしても、バスケットボールにしても、バレーボールにしても、テニスにしても、ほとんどのスポーツは「球」が得点になる。球を決められた場所=ゴールに入れると得点になる（サッカー、バスケットボールなど）か、あるいは球を相手のいないところに打ち込むと得点になる（バレーボール、テニスなど）。

それに対し、野球は攻撃側の選手が、1塁、2塁、3塁を経て、ホームに還ってくることで得点になる。これはほかの球技には見当たらないルールだ。

そこで、ひとつお考えいただきたい。走・攻・守という、野球というスポーツにおいてとても大切な3つの要素がある。「走」は走塁、「攻」は攻撃、「守」は守備を指している。では、このなかで最も重要なものは何か。

答えは「走」である。それは、なぜか。野球の得点は、例外なくランナーがホームに還ってくることで認められる。ということは、「走」が最も得点に直結する要素になってくるからだ。

「攻」の攻撃は、打撃＝バッティングと言い換えることもできるが、それはランナーを出したり、進めたりする手段に過ぎない。また、「守」の守備は、こちらもピッチングを含め、すべてランナーを出さないため、進めないための手段に過ぎない。野球の唯一の目的は、ランナーを塁に出し、進め、ホームに還すこと。ここに尽きるということだ。

はじめに、ランナーを出すためにはどうしたらいいかを考える。ヒットでもいいし、フォアボールでもいいし、相手のエラーでも構わない。とにかく、まずはランナーが出なければ始まらない。次にランナーが出たら、どう進めるかを考える。ヒットが続けばいいが、打てなくても進めることはできる。送りバントや盗塁など、方法はいくつもある。そして、3つのアウトを取られる前に、ランナーがホームに還ってきたら得点だ。

守備側は、いつもランナーを進めさせないためにはどうすればいいかを考えている。どこに守ったらいいか、捕ったらどこに投げたらいいか、そういった考え方は、すべて走塁から逆算されているのだ。

投げたり、打ったり、捕ったりするそれぞれの技術は別として、野球の作戦という意味においては、ランナーをどうやってホームに還すか、どうやって還さないか、その工夫がすべての基本、原理原則だ。

イーグルスが日本一になった2013年、あのときは大エース・田中将大の印象があまりにも強すぎたので、田中頼みのチームに見えたかもしれないが、実はあの年のイーグルスは走塁に対する意識が明らかに違っていた。ランナーが溜まった場面でヒットが出て、外野からバックホームすると、その間にほかのランナーは確実に次の塁を狙っていた。みんな当たり前のようにやっているから、特筆すべきことだと気が付かないだけ。

そういうところの意識付けが、チームを変える。野球で勝つというのは、そういうこと。逆に勝ち慣れていないチームというのは、ほとんどの場合、その大事なところに意識がいっていない。だから勝てないのだ。

the answer

野球を学ぶ、それは走塁を学ぶということ

ファイターズのチームカラーのひとつに「全力疾走」がある。

全力疾走と言えば、昨年（２０１４年）引退した稲葉篤紀のイメージが強いが、長年彼がそれを率先してきてくれたことによって、チームカラーとして認識されるまでになった。それも彼の大きな功績のひとつだ。

では、なぜ全力疾走することが重要なのか。全力を出し尽くすってどういうことなのか。それは、決して精神論ではない。

つねに全力疾走することで、相手には確実にプレッシャーがかかる。ひとつ先の塁を狙おうとする姿勢を見せただけで、相手野手にミスが出るかもしれない。それは勝つために

求められる、とても大切なことと言える。

また、1塁に全力疾走するのは、打ったら走ればいいだけの話だが、2塁、3塁、さらにはホームを狙うとなると、しっかりと野球が理解できていないとできない。野球を学ぶということは、すなわち走塁を学ぶということなのだ。

ありがたいことに、「いまのファイターズは走塁の意識が高い」と言っていただくことがある。それは白井内野守備走塁兼作戦コーチが徹底的に伝えてくれているおかげで、普段から意識付けができているということだ。たまたま、脚を使える選手が多くなっているのもあるし、それを売りにしない手はない。

野球を知るという意味において、守備を学ぶこともとても重要だが、それ以前にまずは走塁がありき。野球はそういうスポーツだから。

the answer

走塁ミスは最も「流れ」を変える

例えば、2アウト2、3塁から、1番の岱鋼がタイムリーヒットを打ったとしよう。2

点入って、なおも1塁に岱鋼が残った。押せ押せムードでもう1点ほしいところだが、続く2番の中島には長打はあまり期待できない。だったら、岱鋼に盗塁させてみてはどうか。

いかにもありそうな場面だが、こういうときはあえて走らせないこともある。走塁ミスは、試合の流れを変える危険性があるからだ。せっかく2点取ったのに、勢いでいかせてアウトになったら、こちらに傾いていた流れを自ら手放してしまうことになりかねない。それではダメだ。

無理してでも、イチかバチかでいかせていいケースか、それともここは自重するべきか、実はそういうところに野球の本質が見え隠れしている。それを選手に感じてもらうのは我々の作業だ。

そして試合中、最も流れが変わりやすいのがこの走塁のミスだと思う。それは現場で痛いほど感じさせられている。

ボーンヘッドを蒸し返すようなマネはしたくないので、あえて名前は伏せておくが、ある試合でのこと、2アウト1塁という場面で大きな当たりが出て、ランナーはホームランだと思ったのかゆっくりと走っていた。結果、打球はフェンス直撃となり、ランナーは慌ててスピードを上げてどうにかホームに生還することができた。還ってこられたからいいようなものの、もし3塁ストップとなり得点が入っていなかったら大問題だった。

いや、得点が入ったからいいというものではない。その緩慢な走塁は、チームのみんなが見ている。全員で必死に作った試合の流れを、たったひとつのプレーがすべてぶち壊してしまうかもしれないのだ。失敗は誰にでもあるが、それと怠慢や緩慢はまったくの別物だ。それだけは、絶対に許してはいけない。

では、なぜ走塁のミスは流れが変わりやすいのかといえば、これまでも述べてきたように、野球というスポーツにおいてそれだけ走塁が重要なものだからだろう。大事なポイントでミスをしたら流れが変わる、それは当然の成り行きだ。

ほかに試合の流れが変わりやすいのはダブルプレイ、いわゆるゲッツーだ。いっぺんにアウトカウントがふたつ増えるだけに、これは分かりやすく流れが変わる。ただ、走塁ミスと違って、ゲッツーにはミスとは呼べないものが多い。おもにランナーを置いて、強攻という選択をした結果のゲッツーであり、必ずしも打った選手が責められるべきものではない。とはいえ、ゲッツーを食らうと痛いことに違いはないが。

また、守備側に目を向けると、最も流れが変わるのは無駄なフォアボールだ。これはピッチャーのエラーといってもいい。

野球はそもそも打たせるスポーツとして始まったものなのに、フォアボールは打たせない。打たせないで歩かせる。野球で最も重要なのは走塁だと繰り返し述べてきたが、走らせもしないで塁を与えるなんて最悪だ。それを野球の神様が許すわけがない。フォアボールで歩かされるくらいなら、ヒットを打たれたほうがまだマシだ。

もちろん、守りやすいように塁を埋めるとか、当たっているバッターとの勝負を避けるといった戦略的なフォアボールは少し話が変わってくるが、ストライクが入りませんでしたという無駄なフォアボールは、確実に試合の流れを変える。ピッチャーは、これだけは肝に銘じなくてはならない。

the answer

野球の原点は、1塁まで全力で突進すること

今年、QVCマリンフィールドの監督室で夏の甲子園の決勝戦を観ていて、いろんな思いが込み上げてきた。

45年前、ジャイアンツの前監督原辰徳《はらたつのり》さんのお父さん、原貢《みつぐ》さんが率いた東海大相模高

校が優勝した。昨年、その原貢さんが亡くなられて、今年、東海大相模高校が決勝の舞台に上がった。一方、仙台育英高校は悲願の全国制覇へ、東北勢としてはこれが11度目となる甲子園の決勝だ。

試合は6対3、東海大相模高校の3点リードで迎えた6回裏、仙台育英高校に2アウト満塁から同点タイムリー3ベースが飛び出し、試合は振り出しに戻る。高校野球100年目の節目の夏、いったい何が勝負の決め手となるのだろうか……。

そんなことを考えながら、40年前のことを思い出していた。中学生だった僕が東海大相模高校のセレクションを受けたのは、あの頃だった。小学生のときに東海大相模高校の優勝を観て、あの縦縞に憧れて、セレクションのときにはユニフォームを着させてもらって、本当に嬉しかった。結局、入学することはなかったけれど、胸躍ったあの日の記憶が薄れることはない。

勝ったことも、負けたことも、楽しかったことも、つらかったことも、高校野球を巡る思いはすべてのプロ野球選手に共通するものだ。仙台育英高校が6対6の同点に追いついたとき、監督室の外で大きな歓声があがった。どちらを応援するともなく、劣勢のチームが同点に追いつくことによってみんなが盛り上がる。野球人の魂を揺さぶる大熱戦に、選手もスタッフも全員がのめり込んでいた。みんながそれを感じてくれる人たちであるというのは、とても嬉しいことだ。こういうチームでやれてよかったと、つくづく思った。

今年の夏、札幌ドームでの試合前、ファイターズはビジョンに選手たちの高校時代の映像を流した。高校野球の映像をプロ野球の現場で流すというこの試みは、ほとんど前例のない画期的なことらしい。そして、これはファンサービスの一環であると同時に、チームの士気高揚という意味でも絶大な力を発揮した。なんせ次々と映し出される初々しい姿に、選手たちがいちいち盛り上がる（笑）。

監督からしたら、選手たちがみんな高校時代の心の熱さを思い出してくれるのが一番だ。我々がどんなことを言うよりも、やんちゃな連中が涙を流すくらい野球をやった、あの頃の気持ちに一瞬でも戻ってくれたらそれ以上のことはない。

ちなみに映像を流すだけでなく、全員、高校時代のユニフォームを着てシートノックを受けようという企画もあったらしいが、これは各方面の許可が得られず、実現しなかったようだ。でも、いつか必ずやってみたい。間違いなく大盛り上がりだ。

ところで、先に紹介した球団スタッフ、岩本賢ちゃんに教えてもらったのだが、100年前に高校野球が始まったとき、大会初日の新聞には野球のルールが載っていたそうだ。

みんな、まだ野球がどんなものか分かっていなかったので、そこから知ってもらう必要があったわけだ。そして、そこには「球を打った者は何をおいても一塁まで向かって突進しなければならない」と書かれていた。「突進」という言葉が使われるともっと荒々しく感じられるが、これぞまさしく全力疾走だ。１００年前から、球を打った者は何があろうとも1塁まで全力疾走しなければならないのだ。このことを知って、我々がやってきたことはやっぱり正しかったんだと、改めて確信することができた。これからもずっと、この精神だけはつねにチームのベースに流しておかなければならない。そうしないと、いつか間違った方向に行ってしまう。

それから、野球の原点を知った話をもうひとつ。あの決勝の日、ＢＳ朝日の中継では、この夏を最後に横浜高校の監督を勇退された渡辺元智《わたなべもとのり》さんが解説をしていらっしゃった。その渡辺さんによると、元々野球を通じた教育というのは、勝つということを教えるのがベースになっていたそうだ。しかし、それが最近では勝利至上主義の弊害みたいなことが言われ始め、だんだん高校野球で勝ちにこだわることをやや否定的に捉える向きも出てきた。そんななか、今年の決勝に勝ち進んだ両校は、どちらも勝つために戦っていることを堂々と公言していて野球の原点のような感じがする、そんなふうにおっしゃっていた渡辺さんの言葉が非常に胸に響いた。そうか、やっぱり勝つことだったんだって。勝つために何をしなければならないか、それを徹底的に追求するのが野球なのだ。

その勝ちにこだわり、全国制覇まであとひとつのところまでやってきた仙台育英高校は、もう1イニングだけ我慢できればサヨナラ勝ちの可能性は十分にあったと思う。9回表、あそこでまさか先頭の9番バッターにホームランを打たれるとは思わなかったはずだ。まさに野球の怖さと面白さが凝縮されたシーンだった。きっと野球の神様が彼らに何かを伝えようとしたに違いない。

あの決勝を見ながら、「明日からは昼間、もう高校野球が見られないんだ……」と思ったら、なんだか悲しくなってきた。この歳になって、まだ毎日野球をやらせてもらっているのに、年々そんな思いが強くなってくる。野球には本当に感謝しなくちゃいけない。

the answer

守備がうまい選手は必ず打てるようになる

ボールを捕る、投げる、打つ。このなかで最も難しい作業は、投げることだと思う。

投げるという動作には、感覚的な要素が強い。最後にボールが離れる瞬間というのはまさに感覚そのもので、指先は無意識のうちにミリ単位の微調整を行っているはずだ。

現役時代、名ショートとしてならした解説者の宮本慎也《みやもとしんや》さん(元ヤクルトスワローズ)が、「ボールを投げることだけは親からもらったもの」と言っていたのが印象に残っている。捕ることや打つことは練習でうまくなるけれど、投げるセンスだけは先天的なもので、なおかつ一度うまく投げられなくなるとそれを直すのはなかなか難しい。歩くことと一緒で普段は無意識にできていることだから、意識し過ぎると余計にうまくできなくなってしまう。

一方、捕ることと打つことに関しては、非常に多くの共通点があると思っている。守備がうまい選手は必ず打てるようになる。これは僕の持論である。特に脚が速くて、守備範囲の広い選手はその可能性が高い。

ボールに対するアプローチは守備だと「捕る」、打撃だと「打つ」と、それぞれ異なる表現になるが、これを「捉える」と言い換えるとどちらにも当てはまる。グラブを扱うか、バットを扱うかの違いだけで、ボールを捉えにいく感覚には共通するものがある。

特に、フィールディングの感覚が優れた選手は、それをバッティングに応用する能力にも長けている。

うちで言えば、中島卓也が見事にそれを証明してくれたひとりだ。守りは一級品、でも打つほうは絶望的(?)とも言われていた選手だったが、今年は一年間フルで働き、打率2割6分4厘、出塁率は3割5分ちょうどという数字を残した。ショートというポジションの負担の大きさを考えると及第点と言える数字だ。ただ、将来的にはメジャーリーガーの川﨑宗則《かわさきむねのり》になれる選手だと思っているので、それからするとまだまだといったところだが。

念のため、この持論は、逆のケースには必ずしも当てはまらないということも付け加えておく。打てる選手は必ず守備がうまくなるのか、と言われると、これはなかなか難しい。ひと口に打てる選手といってもタイプはさまざまなので、どうかあしからず。

the answer

何が起こるか分からないと思わせる責任がある

今年のペナントレースは、残念ながらホークスに大差をつけられ、9月17日、リーグ史上最速のおまけ付きで優勝を決められてしまった。

その時点でファイターズは18の貯金があり、かつまだ13試合を残していた。それだけに、これからどんなに頑張ってももう優勝はできない、という現実がなかなか受け入れられず、翌日、記者たちに「本当にもうダメなの?」としつこく聞いて回り、うっとうしがられた。「監督、実は計算が間違っていて、まだ可能性がありました!」って誰か言ってくれないか、そんなバカげたことまで考えていた。

思えば8月5日、直接対決でサヨナラ負けし、ホークスに優勝マジックが点灯してから、一度もそれを消すことができなかったのも悔しかった。今日うちが勝って向こうが負けたらマジックが消えるというチャンスがあり、もしそういう流れになったら何かが起こるかも……、という空気になったことはあったけど、結局、その日はホークスも勝って、カウントダウンを止めることはできなかった。

プロ野球である以上、我々には最後まで何が起こるか分からないと思わせる責任がある。いまはクライマックスシリーズというシステムができたおかげで、リーグ優勝を逃したチームにも日本一の可能性は残される。それも含めて、ファンの皆さんに最後まで信じてもらえる戦いを続けることが一番の仕事だと思っている。

そのためには、まず我々自身が心の底から何かが起こると信じて戦っているという、その姿勢を示さなくてはならない。それができなければ、一緒に戦ってくれているファンの皆さんに失礼だ。
毎日必死にやっていると、まるでノックアウト方式のトーナメント戦を戦っているかのような文字通りの総力戦になることがある。もうほとんどの選手を使いきってしまい、これ以上使うと、誰かがケガでもしたら選手が足りなくなってしまう、そんな状況だ。たとえそうであっても、もしリードを許す展開になってしまったら、追いつくためには最後のひとりを使いきってでも勝負に出たほうがよいと思っている。それが実って追いついて、その後、誰かに何かがあって選手が足りなくなってしまったら、その時点でギブアップもやむなしだ。それでも、追いつかないよりはマシだ。邪道だと怒られるかもしれないが、僕にとっていつも全力を出し尽くすというのはそういうことなのだ。

the answer

勝っていても負けていても考えることは同じ

今年は開幕直後の4月頭に7連勝を記録した。連勝が7まで伸びたのは2009年以来6年ぶりのことだ。

一方、今年最大の5連敗は、6月と9月に2度あった。そのいずれにも対ホークス戦の3連敗が含まれており、それがペナントレースの行方を決定付けてしまったと感じている。

連勝と連敗、長いシーズンを戦っていれば何度かはあることだが、実はどちらにしても監督が考えていることにはあまり変わりがない。

連勝していると「いま状態がいいんだし、勝てるときに勝っておかなきゃ。さて、明日、どうやって勝とうか」。

連敗していると「勝てないときはこういうもんだけど、これ、どうしたら止まるんだろう。さて、明日、どうやって勝とうか」。

結局、どちらにしても同じ、明日の勝ち方を考えている。どんな百戦錬磨の名監督も、なりたての新人監督も、考えることといえば「明日、どうやって勝とうか」、それしかないのだ。

また、連勝中は、それが止まったときに反動が出るんじゃないかとビクビクし、連敗中は、このまま一生止まらないんじゃないかとビクビクしている。この得体のしれない何かにおびえている感じも同じだ。

しいて違いを挙げるとすれば、連勝中はちゃんとご飯が食べられるけど、連敗中は食事が喉を通らなくなる。胃が痛いし、夜も眠れない。それを除けば、考えていることはいつも同じだ。

the answer

言葉は氷山の一角

2013年の3月、監督になって2冊目の本を上梓した。無我夢中のうちに監督1年目のシーズンを終え、年が明けて2年目のキャンプを迎え、当時感じていたことをそのまま綴らせていただいた。その題名が『伝える。』。副題は『言葉より強い武器はない』だった。言葉の持つ力をつくづく感じさせられた1年で、それは心境に偽りのないところだったのだが、いまになって、改めてその言葉というものの難しさに直面している。

言葉は氷山の一角だ。言葉で伝えられることなんてほんの少しで、本当はその底のほうにもっともっと伝えたいことはたくさんあるのに、それを伝えようとして言葉を駆使すると、かえって大切なことが伝わらなくなる。誠意を尽くそうとすればするほど、軽くなってしまう感じがするのだ。なんとかうまく言い訳しようとするとき、言葉を重ねれば重ねるほど余計に言い訳がましくなってしまう感覚に似ている。言葉を操ろうとすると、言葉が滑るのだ。

だから最近はできるだけ遠回しな表現を避け、言葉を選ばずはっきりと言うようにしている。言いにくいことを伝えなければならないときはなおさらそうだ。ある選手をファームに落とす決断をしたとき、自分が本当にその選手のことを思っているかどうかだけ、まずは自分自身に確認する。そして、必ず選手のためになると思ったら、取ってつけたようにチーム事情云々などと下手なフォローをしたりせず、「こういうところが足りない。下でやってきてくれ。頼む」と単刀直入に伝える。

その手の通達はコーチに任せるというやり方もあるようだが、そういうことから逃げてはいけないという思いもあって、必ず自分で伝えるようにしている。中には、不満げな顔をする選手もいる。それを口に出したりはしないが、一瞬の表情の変化はよく分かる。つらいけど、仕方がない。

そういうときは、なるべく素の自分に戻すこと、そして本当の自分でぶつかることを心掛ける。

いろんなことが分かってしまうことの弊害もある

自分の人生、監督をやる前の50年と、監督をやらせてもらった4年を比べたら、後者のほうが100倍頑張れたと自信を持って言える。やっぱり自分のためにやるよりも、自分を捨て、ほかの誰かのためにやるほうがパワーが生まれるし、一生懸命になれる。すべてチームのため、選手のためにとシンプルに考えると、志がしっかりとして、前に進みやすい。

それでは、チームにとって同じ監督が4年務めることが長いのか短いのか。それはどちらとも言えない。ただ、決していいことばかりではなく、4年やっていろんな経験を積ませてもらったことによるマイナス面もある。それは感じている。

4連勝がかかった8月15日のイーグルス戦、2点リードで迎えた8回裏、好リリーフを見せた谷元から誰にスイッチするか。このリードを絶対に守りきろうと思ったとき、選択肢は絞られた。4連投になる無理を承知でキャプテンの宮西をマウンドに送る。

その宮西は先頭バッターをフォアボールで歩かせてしまったが、続く3番の後《ご》藤《とう》光尊《みつたか》、

4番の松井稼頭央《まついかずお》を抑えて2アウトまでこぎつける。上位打線のこのイニングをしのげば最終回も乗りきれる、そう思った矢先、代打のゼローズ・ウィーラーにまさかの2ランホームランが飛び出していた。

チームは3連勝中だったが、その3試合すべてで宮西をはじめ、白村、増井といった勝ちパターンのリリーフ陣を投入していた。だからこの日は、なんとかこの3人を使わずに勝ちたいと思っていたのだが、8回、2点リードという展開で、絶対に落としたくないという気持ちが強くなり過ぎ、禁を破って宮西にいってもらった。その結果の同点弾だった。

3年前であれば、絶対に宮西は使っていなかった。3連投になった時点で、翌日は試合展開にかかわらず休ませた。それはピッチャーを守るためでもあり、長いシーズンを戦い抜くために決めた自分のなかのルールだった。そこで勝ち試合を作るには、その日、コンディションのいいピッチャーをどんどんつぎ込んでいくしかない。万が一それで負けても、4連投となるピッチャーを使わなかったことは後悔しない。それが自分との約束だから。

しかしあの日、一勝の重みが分かれば分かるほど、ピッチャーの適性が分かれば分かるほど、宮西以外の選択肢は消えていった。それが監督を長くやってきたことの弊害だと思う。シーズンの流れが読めるようになってきたことで、無理させちゃいけないと分かってはいるんだけど、それ以外のことも分かってきているから、ほかのピッチャーが使えなくなっている。

結局、試合はサヨナラ負けを喫した。その最終回の守りでは、明らかにストレスを感じている自分がいた。意図していることが選手に伝わっていないことに苛立っていた。そんなふうに感じていることも、長くやってきたことのマイナスなんじゃないだろうか。きっと1年目だったらそんなことは思いもせずに、ひたすら祈り、心のなかで必死に選手を応援していたはずだ。経験を積んだことで芽生え始めているこのネガティブな感情が、自分のことを邪魔してしまっているのかもしれない。

ただ、ファイターズは純粋な心を持ったチームだから、自分が間違った方向に進んでいることに気付かせてくれる。間違った方向に進んでいると、どこか居づらい空気を作ってくれる。「監督、本当にそれでいいって思わないでくださいよ」って。まだやれるかな、と思うのは、そういうチームだからだと思う。

すべての間違いは「分かった」と思ったところから

シーズン中、こんなこともあった。

ある重大なテーマについて、球団スタッフと意見交換をしていた。これは何度も話し合ってきたテーマなのだが、なかなかベストな方向性が見出せないでいた。すると、彼はこう言った。

「結局、全員間違っているんです。やっていることが」

はじめは、何を言い出したのかと思った。全員やっていることが間違ってるとは、いったい何事か。しかし、だんだん彼の言わんとするところが理解できるようになってくると、それは正しいと思えるようになってきた。

自分は分かっていると思ったところから、すべての間違いは始まっている。これが正しい、これが一番いいんだと思ってしまうと、そこからおかしな方向に走ってしまう。

そもそも正解があるものじゃないんだから、自分は間違っていると思っていたほうがいい。間違っていると思えば、もっと勉強するし、死ぬほど考える。そうやって一生懸命やっていると、中には答えらしきものが見えてくるものもある、それくらいに思っていてちょうどいい。

こう考えてみた。ファイターズには、西川遥輝という非常に能力の高い選手がいる。ただ、彼は残念ながらその能力を十分に発揮することができずにいる。大きな武器のひとつである脚を生かせるよう、1番や2番、9番など、いろんな打順を試してみた。しかし、いまだに本当はどこが向いているのか、適性が見えてこない。もしかしたら、いままで試してきた打順は、どれも間違っていたのかもしれない。もし、彼を4番で使ってみたらどうだろう。4番でとにかく全球フルスイングするよう指示をしたら、その才能は大きく花開くかもしれない。

やはり、これにも答えはない。答えはないけど、そこに信念や執念みたいなものがあれば、必ず何かしら方向性は見えてくる。

理想は「全部分かっていて、でも決めた役割しかやらない」

全部分かっていて、でも決めた役割しかやらない。監督として、そんなふうになれたらどんなに素晴らしいだろう。

まず、全部分かっているということ。投手コーチが言うことも、打撃コーチが言うことも、守備走塁コーチが言うことも、トレーニングコーチが言うことも、みんな分かっているから本当は選手に教えようと思えば教えられるけど、教えない。それはコーチに任せているから、自分は決めた役割しかやらない。それは例えばコーチが指導しやすい環境を整えることとか、選手が吸収しやすい状況を作ることとか、そういった役割に徹している。これがひとつの理想像だ。

これは、そうなろうと目指すことに意味がある。肝心なのは全部分かろうと思って努力すること、勉強することだ。分からないことがなくなるなんてありえないし、勘違いして全部が分かったと思った時点で成長は止まってしまう。そうなったら終わりだ。一生なれないからこそ理想なのだ。

また、監督という立場をいただくと、自分でやろうと思うとある程度やれてしまうことが多い。だからこそあらかじめ役割を明確にし、つねに自分を律していないと、よからぬ方向に行きかねない。選手に対して自分が何かをしてやっているという考えがほんの少しでも芽生えたとすれば、それは大きな間違いだ。我々は選手のやろうとしていることがうまくいくようサポートしているに過ぎないのだ。

そして、適切にサポートするにはどうしても知識が必要となってくる。だから、勉強するのだ。

今年、帽子の裏側、ちょうどてっぺんのあたりに「敬」の文字を記して戦いに臨んだ。いつも「選手を敬うんだ」という気持ちがなければ、感情的になったときなど上から目線になってしまうかもしれない。それを自分にさせないため、試合中にその文字を見て自戒してきた。

僕のような監督は、きっとそれくらいでちょうどいい。

答えがないから面白い

今年の8月、ちょっとしたアクシデントがあった。
19日のマリーンズ戦、予告先発のメンドーサが急性へんとう炎のため、急遽登板を回避せざるを得なくなった。トレーナーからの報告によると「宿舎で静養させるが、2~3日様子を見て、熱が下がり次第、練習に参加させる」とのこと。ひとまず、本人の心配はなさそうだが、さて、代役に誰を立てるか。厚澤投手コーチと相談した結果、ファームから新垣勇人《あらかきはやと》を呼び寄せることになった。

当時29歳の新垣は、大谷翔平と同期入団の3年目で、プロ入り以来まだ白星がなく、今シーズン初先発となった前回の登板でも、バファローズ相手に3回途中3失点という内容で、黒星を喫していた。

この日、午後1時プレイボールのイースタンリーグのゲームに登板予定だった彼に、一軍での先発が伝えられたのは午前10時頃。ロッテ浦和球場でストレッチ中だったそうだ。そこから荷物をまとめて、急いでQVCマリンフィールドにやってきた。

このような緊急登板では、たとえ満足なピッチングができなくても新垣が責められることはない。言い訳ができる状況だ。開き直って投げてくれたら、案外、いいピッチングをしてくれるんじゃないか、そんな好投の予感はあった。ピッチャーのなかには、そういうときのほうが思い切って投げられるというタイプもいる。

そして、その予感は的中する。新垣は5回を投げて4安打2失点という上々の出来で、しかも6回表に打線が勝ち越してくれたため、勝ち投手の権利まで転がり込んできた。朝、起きたときには想像もしていなかったプロ初勝利だ。

実はこの日、夏場の疲れを考慮し、キャッチャーの市川友也を休ませてはどうかという意見もあった。だが、予告先発変更のアクシデントを受け、調子のいい彼を外すわけにはいかないと、引き続きマスクをかぶってもらった。その結果、好リードに加え、打っては2安打3打点、逆転打と勝ち越し打を放つ大活躍だ。あとで知ったのだが、新垣と市川は同い年で、中学時代、同じシニアリーグのチームでプレーしていた仲なのだそうだ。この勝利は、なんとか未勝利のピッチャーを勝たせてやりたいと、選手たちみんなが心をひとつにして戦ってくれた結果なのかもしれない。

新垣の勝利を「まさか」といっては彼に失礼にあたるが、メンドーサの先発回避が誤算だったのは間違いない。だが、メンドーサが投げていたら勝てていたかと言われたら、これればかりは誰にも分からない。

いままでしっかり準備させたら勝てなかった新垣が、急に呼び出したらいきなり勝った。休ませようと思っていた市川を使ったら、ヒーローになった。ただ、それらはあくまでも結果論であって、はじめからそこに正解があったわけではない。

つまり、野球に答えはないということだ。答えがないから面白いんだと思う。答えがあるんだったらそれを探せばいいが、もしあったら、きっと毎日こんなに必死になって考えたりはしないだろう。答えを手に入れたら、はい、おしまい、だ。それで年間１４０試合以上もやれるだろうか。

現場にいると、そういうことが勉強になる。やればやるほど、分からないものなんだということが分かりだす。

» chapter 5

第5章

栗山英樹の使命とは何か

4年の経験を通して、監督の役割を果たすためには何をどう考えるべきなのか、その立場にある者はどう振る舞うべきなのか、ということの自分なりの答えを書いてきた。少しは何かしら皆さんにも伝わるものはあっただろうか。

最後にここから、ファイターズというチームの監督だからこそ僕に与えられた使命について、どう考えているのかを書いてみたい。

※

the mission of KURIYAMA

人は天に与えられた役目、使命を果たすだけ

まえがきに書いたように、いつの世も時代に人が選ばれていく。そしていま時代に求められて登場したのが大谷翔平だ。では、出会った我々はいったい何をすべきなのか。

まず肝に銘じるべきは、何もすべきではないということだ。そもそも、自分の意思で何かを動かそうだなんておこがましい。人はいつも、与えられた役目を果たすだけだ。

大谷翔平が高校3年生の春、ちょうどセンバツが終わった頃、球団スタッフと「大谷を

使うなら、（ピッチャーかバッターか）どっちですかね？」みたいなことをよく話していた。その結論は「どちらでも成功すると思う。でも、誰かが決めちゃいけない。それは野球の神様しか決められない」と、いつも決まってそこに落ち着いた。

ただ、ドラフト戦略を固めていく段階になると、そうとばかりも言っていられない。大谷に限らず、指名を検討しているすべての選手について、もし獲得できたらという仮定のもと、具体的な育成法、起用法を話し合う。

どうすることが、その選手にとって最良の選択なのか。彼のためになることがチームのためになる、というのがファイターズの基本的な考え方だ。

大谷翔平の場合、そのなかで二刀流という話はごく自然に出てきた。本人が望むのであれば、両方やりながら時間をかけて本質を見極めていく。僕が素直にそう思えたのは、自分が監督だからだと思う。我慢することも含め、現場の決断はさせてもらえる立場だから。

そういったことを話し合っていく過程において、本当にすごいと思ったのは球団幹部やスカウト担当者のことだ。ピッチャーとバッター、両方やらせてみたらどうだろうという漫画みたいな話を、獲得する前から本気で考えて、その具体的なプランをみんなで真剣に議論している。できるかできないかではなく、彼なら絶対にできるという前提でどんどん話が進んでいる。こんな大人たちって……、最高だなって心から思った。

これが20年前だったら、もちろん二刀流なんてありえないし、まず投げ方を直されて、ファームで必死にやってるうちに、こぢんまりとまとまってしまったかもしれない。それでも、最終的にはいいピッチャーになっただろうとは思うけど、少なくともいまとはまるで違っていたはずだ。

ということは、やっぱり二刀流は誰が差し向けたものでもない、時代のうねりがそうさせたとしか思えない。

2013年6月1日、札幌ドームでの中日ドラゴンズとの交流戦、大谷翔平が2度目の登板で待望のプロ初勝利を挙げた。

試合後、フロントの面々はいつもコーチ室の前で我々が引き上げてくるのを待っている。あの日、そこにいたひとりと「ナイスゲーム」と握手をしたとき、「これが分かってもらえるのは50年後ですけど、必ず歴史になりますから。50年後に」と言われた。あのひと言は一生忘れない。二刀流への挑戦が本当の意味で評価されるのは、きっとまだまだ先のことだけど、それは必ず歴史になる。それを信じて、前に進むだけだ。

人にはそれぞれ天に与えられた役目があり、使命がある。だからこそ、大谷翔平にはやるべきことがあるんだと思う。

「ピッチャー大谷」対「バッター大谷」

いろんなところで、よく尋ねられることがある。

「もしも、ピッチャー大谷とバッター大谷が対戦したら、どっちが勝つと思いますか？」

これはプロ1年目であれば、答えは簡単だった。「間違いなく、バッター大谷の勝ち」

大谷翔平という野球選手は、元々バッターなんだと思う。性格とか、感覚とか。いい意味で鈍感だから、思いっきりやれる。野球界では、ピッチャーには繊細なタイプが多く、バッターには大胆なタイプが多いと言われるが、だとすれば、やっぱり彼はバッタータイプ。爪や指先をいつもしっかりケアしておかないと気がすまない、そういったピッチャー特有の神経質なところがあまり見受けられない。それをなんとかピッチャーにしようと思ってやっているから、自分のなかにジキルとハイドみたいなふたりが共存していて、わけが分からなくなってしまう。それで、たまに自分とぶつかっている。

入団時のピッチャー大谷の完成度は、せいぜい10％といったところだろうか。じゃなかったら、あれほどのボールを持っていて、同じ高校生に打たれるのはおかしい。普通に考えて、160キロを投げるピッチャーが県予選で簡単に負けたりはしない。ひと言で言えば、まったく技術がなかったんだと思う。故障して、思うように練習ができなかったという面もあるけど、いずれにしてもピッチャーとしての完成度は低かった。

一方、バッター大谷の完成度はズバリ80％。念のため補足しておくが、これは高校生のバッターとしてという意味ではなく、プロのバッターとしての評価である。それくらい、バッター大谷は素晴らしかった。大きな欠点はひとつしか見当たらなかった。これは驚くべきことだ。

伝説のスラッガーに失礼を承知で、あえて引き合いに出させていただくが、入団時の松井秀喜《まついひでき》さん（星稜高校↓巨人）よりも間違いなく上だった。高校出身で、あんなに完成度の高いバッターがほかにいたかと言われれば、僕が見た限りでは、1年目に打率3割4厘、ホームラン31本を記録した清原和博《きよはらかずひろ》さん（ＰＬ学園高校↓西武）、あるいは立浪和義《たつなみかずよし》さん（ＰＬ学園高校↓中日）といったところだろうか。

というわけで、その頃、ピッチャー大谷とバッター大谷が対戦していたら、きっと広い札幌ドームの一番深いところ、左中間スタンドに軽々とホームランを叩き込まれていたに違いない。マウンドで悔しがるピッチャー大谷の表情が目に浮かぶようだ（笑）。

それほど圧倒的な完成度の差を見せつけられたら、普通はバッターとして使いたくなる。球団としても、毎日試合にフル出場させられるバッターのほうがファンサービスの観点からもベターだったはずだ。誰よりも大谷自身が一番よくそれを分かっていたから、前例のない二刀流挑戦を思い描いたとき、本人はピッチャーにこだわる発言を繰り返していたのだ。そうでもしないと、そのままバッターにさせられちゃうかもしれないから。

ただ、野球というスポーツにはピッチャーのほうがチームに貢献しやすい、勝利に直結しやすいという面もあるため、完成度には少々目をつぶってでもピッチャーとして育てようという方針が固まり、二刀流への挑戦が現実のものとなった。そして、それは大谷翔平というプレイヤーの将来を考えたとき、最良の選択だったと信じている。

「義」を通すためにも結果は必要だ

花巻東高校時代、ピッチャーとして最速160キロを記録し、バッターとしては通算56本のホームランを打っている大谷翔平だが、残念ながら日本一には縁がなかった。甲子園初出場は2年生の夏、帝京高校に敗れて1回戦敗退。3年生の春には、緒戦でこの大会優勝した大阪桐蔭高校と対戦し、藤浪晋太郎《ふじなみしんたろう》（現阪神タイガース）からホームランを放つものの、マウンドでは11四死球で9失点と崩れ、早々と姿を消した。そして高校最後の夏は、岩手県大会準決勝の一関学院高校戦でまさかの5失点、甲子園出場を逃している。

ちなみに、小・中学校時代も全国の舞台には立ったものの、やはり日本一には届かなかったと聞いている。いったい、どうしてなのか。

彼がプロ入りまで優勝してこなかったことには、きっと意味がある。あれほどの才能を持った選手がもし早い段階で頂点を極めていたとしたら、はたしてどうなっていただろう。大谷に限って、日本一によって得た自信が過信になることはなかった、そう言いきれるだろうか。いままで自分はこうやって勝ってきたんだという意識が、さらなる成長を妨げていたかもしれない。聞く耳を持たない、鼻持ちならないまでの自信がなかったとは言いきれない。

そう考えると野球の神様は、彼にもっともっと上を目指させるために、勝つことの喜びよりも負けることの悔しさを味わわせてきたのではないだろうか。優勝してこなかったからこそ、それをバネに前に進んでくることができたに違いない。

日本ではジャイアンツ、アメリカではヤンキースと、日米を代表する常勝軍団でプレーした松井秀喜さんは、引退に際し、現役生活をこう振り返った。

「長い間、好きな野球をやらせてもらうなかで、ずっとチームが勝つことだけを考えてプレーしてきた。最後までそれができたことを誇りに思います」

彼が誰よりも尊敬される選手であり続けた最大の要因はここにある。

「チームが勝つために努力してきた」

「打つことより、勝つこと。勝つために自分は何ができるか、それ以外にない」

「いい数字を残しても、チームにとってためにならない、そういう選手にはなりたくない」

「もともとチームが勝つためにやっているのに、個人の記録を比べても仕方ない」

印象に残る彼の言葉は、いつもこうだった。勝利を宿命付けられたチームを長年支え続けた男の真の姿だ。

大谷翔平は、ファイターズが最後にリーグ優勝した年（2012年）の冬、チームの一員となった。だから、優勝を知らない。投げても投げても、打っても打っても、まだ頂点には手が届かずにいる。

彼は何事もないかのように二刀流への挑戦を続けている。いったいなんのための二刀流か。それが自分のためになったら、挑戦することの意味はなくなる。チームが勝つための、優勝するための二刀流でなければ価値はない。

この世の中、たとえやっていることに「正義」があっても、結果が出なければ「義」が通らなくなってしまうことがある。だから、「義」を通すためにも結果は必要だ。プロ野球の世界の結果とはただひとつ、優勝のことなのだ。

大谷の価値、二刀流の価値は、チームが優勝したときにはじめて証明される。

「この選手がダメだったらしょうがない」

ファイターズにはもうひとり、間違いなく時代に選ばれた選手がいる。

前に紹介した「エースと4番だけは出会い」という野村さんの言葉が強く印象に残っていたせいかもしれない。中田翔にはまさしく「出会った」というふうに思った。

初めてのキャンプのとき、打撃練習を見ていてある選手のスイングに目を奪われた。期待のスラッガーは、これまでレギュラーに定着していないのが不思議なほどの豪快なバッティングを見せていた。

だが、その後、中田がバッティングケージに入ると、インパクトを残したスラッガーの印象は一瞬にして薄れてしまった。前年（2011年）、4番や6番、7番といったように打順は転々としたものの、18本のホームランを放ち覚醒の兆しを見せた当時22歳の大砲は、やっぱりモノが違った。スイングを見れば見るほど、そのすごさは際立っていった。あの野村さんでも作れなかったという、これが4番なんだ、と。

時代は中田翔に何を求めたのか。彼はなぜ選ばれたのか。きっと改めて4番バッターの存在や意味、意義を世の中に問うているのだと思う。

「つなぐ４番」というフレーズが注目された時期があった。４番はただ４番目に打つバッターというだけであり、ほかの打順同様、次につなぐ役目を担っているというものだ。チーム事情により、それを余儀なくされるケースもあるかもしれない。だが、本来あるべき姿はそれとは違うはずだ。歴史がそう伝えている。

中田の４番起用をいつ決めたのかは自分でも覚えていないが、もしかしたらそれは監督になる前だったような気もする。というのも、キャスター時代から「日本の４番は誰なのか？」というテーマは念頭にあって、そこにはいつも中田の顔が浮かんでいたからだ。

だから、ファイターズを任されたときも、中田のことを単にチームの４番とは見ていなかった。なんとしても、この男を日本の４番にしなければならない。日本の４番と言えば、それは過去に遡ればやっぱり長嶋茂雄さん、王貞治《おうさだはる》さんということになる。だから、長嶋さん、王さんがやってきたことを、彼はやらなければならない。

４番バッターには、人間性も問われる。

その人間性をより具体的に言えば、「この選手がダメだったらしょうがない」と、みんなに思わせられるかどうかだ。

打って当たり前、勝負強くて当たり前、それでいて打てなかったときにこそ真価が問われる、それが4番バッターは特別だと言われる所以《ゆえん》なのかもしれない。

若い4番バッターが能力だけで結果を残しているうちは、なかなかそこまでの信頼は得られない。

はたして、いまの中田翔はどうだろう。まだ能力が上回っているだろうか。だが、いつか必ず彼の人間性が、能力を超える日はやってくる。

この4年間、中田にはいつも同じ言葉しかかけてこなかった。ひと言だけ、「頼むな」と。

中田の返答も、決まって「はい」のひと言だ。その実直なひと言に、彼の人間性が見て取れる。

the mission of KURIYAMA

新しいニーズに応えていかなければならない

札幌ドームで試合を戦っていて満員のスタンドを見上げたとき、感謝の気持ちとともに、いつも浮かんでくるある思いがある。

いつも球場に足を運んでくれるファンの皆さん、そしてテレビの前で応援してくれている大勢の皆さんにとって、ファイターズってどういう存在なんだろうか、ということだ。

北海道に移転したのは2004年、今年で12年目のシーズンを終えたことになる。いまの中学生以下の世代にとっては、物心がついたときにはすでにファイターズはそこにいたということだ。

一方、高度経済成長から続く日本の発展をこれまで支えてきてくださり、いま老後と呼ばれる世代を迎えている皆さんにとって、ファイターズは日々の楽しみのひとつになっているのだろうか。いま、その世代の人々にどんな楽しみを提供できるか、そういったことが求められている時代でもある。だから、プロ野球の球団もそういう存在にならなければ、今後成り立ってはいかない。それはとても意味のあることだ。

だいたい、監督である僕のことすら息子と思ってくださるような皆さんが、このチームを支えてくださっているのだ。自分の孫、ひ孫みたいな選手を応援することが、一時代を頑張った方々の違う楽しみになる。そのためにプロ野球が存在している。だから若い選手たちを成長させなければいけない。それが、いまのファイターズのひとつの形だ。それはすごく意識している。

野球をやっていればいいんだ、と思っていてはダメなんだと思っている。若い選手はそれでも構わない。いいプレーをするために100%やってくれればそれでいい。そのなかで、我々すべてのプロ野球関係者はいつも新しい時代のニーズに応えていかなければならない。それはある意味、進化していくということだ。いつも進化が求められ、それに応えていこうと必死にやっているからこそ大谷翔平のような選手も現れてくる。

そういった魅力的な選手をどう演出して、どう魅せていくか、プロ野球は時代に寄り添い、発展していく。

the mission of KURIYAMA

誠を尽くせば、人は必ず心を動かされる

いつも時代に人が選ばれていく、という自分なりのテーマに関連して、今年ずっと追いかけてきた人物がいる。追いかけてきたというのは少し違うかもしれないが、彼のことを知れば知るほどますます興味が湧いてきて、片っ端から文献を読み漁った。

その人物とは幕末の思想家、吉田松陰である。今年は松陰ばかり、いったい何冊読んだ

だろうか。

２０１５年1月からＮＨＫで、松陰の末の妹にあたる久坂美和を主人公とした大河ドラマが放送されていたが、その影響というわけでもなく、はたして自分が野球に対して抱いている思いは正しいのか、向き合い方は間違っていないのか、その確証みたいなものがほしくてあれこれ模索しているうち、スーッと腑に落ちたのが松陰が大切にしていた孟子の言葉だった。

「至誠にして動かざる者は、未だ之れ有らざるなり」

誠を尽くせば、人は必ず心を動かされるということ。あまりにも有名な言葉だが、すべてはそこに尽きる。

松陰の没後１５０年以上経ったいまなお、書籍などを通じて彼の生き様に触れながらそこに込められた信念を思うと、本当に動かせないものなんてないんだ、という気持ちに改めてさせられる。そして、もし動かせなかったとしたら、「この上ない誠の心を尽くしきっているのか？」という自分への問いとなって返ってくる。

１８５９年、安政の大獄（江戸幕府が尊皇攘夷派に対して行った弾圧）により、松陰は満29歳の若さで刑死を遂げる。その処刑前日に書き終えたとされる遺書『留魂録』を手に取ると、これは本当にしっかり読み込まないと失礼だという思いにさせられる。

僕などは気持ちを伝える手段として「覚悟してやる」「命がけでやる」といった言葉を日常的に使ってしまっているが、あの人たちは本当に自らの命をかけて日本という国を変えようとした。国のために死のう、自分が死んだら何かが変わるきっかけになるかもしれないと本気で考えた。そういう時代だったといってしまえばそれまでだが、どうしてそんな境地に立てるのか、それが知りたくてしょうがない。

もちろんそんな彼らとは比べるべくもないのだが、何冊もの本を読み込んでいくうちに「おまえにその覚悟はあるのか？」と魂を揺さぶられている感じがしてくる。「自分に嘘をつくやつほどくだらないやつはいない」「自分でやろうとしたことをやれないやつほど、人間としてくだらないやつはいない」、そんな松陰の言葉が、自分に向けられているような気がしてくるのだ。

吉田松陰はそういう時代に生まれた。そしていま、この時代に生まれた我々が誠を尽くす相手は野球だ。野球に対して誠を尽くさなければ、やっていることに意味はない。

だからといって、松陰の言葉をそのまま若い選手たちに伝えようとは思わない。その言葉を通じて自分が感じたことを伝えていかなければいけないと思っている。野球を分かったふりをするとか、野球はこういうものだと頭から決めつけてかかるとか、そんな態度をとっていては野球に失礼だ。それは誠を尽くしていない典型だ。まずはそういったことから、一つひとつ。

the mission of KURIYAMA

きょう一日の苦楽も自分次第

まだファイターズが北海道に移転する前のこと、名前が同じという縁で北海道の栗山町に天然芝の野球場を作らせてもらった。そこを栗の樹ファームと名付け、以来、僕の第二の故郷となっている。

いま思えば運命的な、その直接的なきっかけをくれたのは栗山町の青年会議所の面々だったが、そもそも栗の樹ファームのような場所を作りたいと考えるようになったバックボーンにはひとりの女性の存在があった。

ターシャ・テューダーの名前をご存じだろうか。2008年、92歳で亡くなったアメリカの絵本作家で、彼女の作品は「アメリカ人の心を伝える絵」と称された。また、50代後半になってバーモント州の山奥で日常のほとんどを手作りでまかなう生活を始め、広大なイングリッシュガーデンで暮らすそのライフスタイルは日本でも話題となった。

「人生は短い。だから一日一日楽しみなさい」

「どんなに平凡な一日でも、こんなに素晴らしい一日はない」

そんなターシャの生き方に感銘を受け、いまから13年前に栗の樹ファームという夢をひとつ実現させてもらったが、彼女がくれたメッセージはプロ野球の監督になったいまの自分にも大きな力を与えてくれている。

「野球ができる喜びを見出だせば、きょうも必ず素晴らしい一日になる。そうじゃなければやっている意味がない」

また、西鉄ライオンズなど3球団を優勝に導いた名将、三原脩《みはらおさむ》さんの座右の銘「日々新《あらた》なり」も、ターシャのメッセージ同様、日々の心の在り方を教えてくれる。

きょう一日を楽しくするのも苦しくするのも自分次第。この苦労を本当の意味で喜びに感じ、まずは自分自身をキラキラさせなければ、選手を輝かせることはできない。毎朝、「日々新なり」を唱え、そのことを強く意識している。

» chapter 6

第6章

プロとして、人として大事なこととは

高校を卒業してすぐに飛び込んでくる者もいれば、大学、社会人を経て、30歳近い年齢になって門を叩く者もいる。プロ野球とはそういう世界だ。そして、一軍で活躍する選手にはいつもまばゆいばかりのカクテル光線が照らされ、ファームで苦労している選手にはキャリアにかかわらず厳しい環境しか用意されていない。

そんな華やかで心もとない場所だからこそ、選手たちにはどうしても伝えておかなければならないことがある。少なくともそれを伝えようとすることは自分の義務だと考えている。

野球選手である前に、ひとりの社会人として、もっと言えば人としてどうあるべきか。

※

the most important things

「いま、よければいい」はダメ

前年のリーグ優勝から一転、最下位に沈んだ2013年の秋、プロ1年目のシーズンを終えたばかりの大谷翔平ら、若手選手を集めたミーティングで、『論語と算盤』を題材に話をした。みんな露骨に態度には表さないものの、正直なところ、「ろんごとそろばん？？？」といった感じで、頭の上にいくつも「？」を浮かべていたことと思う。

同書は、日本の資本主義の父と言われる実業家・渋沢栄一さんの著書で、日本人必読の書として紹介されることの多い名著だが、野球選手にとっては少しばかり縁遠い書物と言えそうだ。実のところ、僕も監督になるまでは「タイトルは聞いたことがあるけれど……」という程度の認識で、きちんと読んだことはなかった。

では、なぜその『論語と算盤』を題材に話をしようと考えたのか。

監督になって、それを読んでみようと思ったのは、ある経済誌の特集がきっかけだった。企業の経営者が座右の書を紹介する特集で、そこで最も多くの方々に挙げられていたのが『論語と算盤』だったのだ。

気になって読んでみたら、これを座右の書とする社長さんが多いのも納得の、実に興味深い一冊だった。

その頃、人間としての成長がなければ野球選手としての成長もありえない、と強く感じ始めていたので、勝手に『算盤』を『野球』に置き換えてみた。人のために尽くすことと
お金を稼ぐことが一致するならば、それは野球選手として成功することとも必ず一致する

はずだ。

「そうだ、『論語と野球』だ」って。

プロの世界で一日でも長くプレーし、成功を収めるためにはいったいどうすればよいのか。そのためにも、まずはプロ野球選手が陥りやすい弊害を解消したいという考えがあった。その弊害とは、例えばこういったものだ。

「いま、よければいい」

「今日、ヒットを打てればいい」

「今日、勝てればいい」

ヒットを打つにも、その結果を持続させるためには根拠が必要となるが、プロ野球は毎日のものなので、どうしても「いまさえよければ」というところに陥りやすくなる。長続きさせるためには本当はこういうアプローチじゃダメなんだって分かっているのに、たまたま結果が出るとそこに引っ張られてしまう。そして、結果が出るとチヤホヤされる。そうされると勘違いする。そう、陥りやすい弊害は「慣れ」や「勘違い」と言い換えてもいい。

それを考えたときに、普遍的なものの考え方を学ぶことがその弊害を解消するヒントになるんじゃないかと思った。人を騙しちゃダメだとか、ズルいことをしちゃダメだとか、子どもの頃、そんなことをしたら神様に怒られるよって言われたような教えはやっぱり大事で、そういう正しい生き方をすることが、プロ野球選手として成功するためにも必要なんじゃないか、と。

一番大切なのは人として正しいか、間違っているか。だから、『論語』なのだ。

それは選手たちに伝える以前に、自分自身に言い聞かせていることでもある。そういうものをちゃんと勉強しろよって、人に言いながら自分に聞かせている。自分に当てはめてみて、その考え方に沿っているかどうかを確認しているのだ。

また、『論語と算盤』を書いた渋沢さんは、決して利益を独占しようとせず、他人の富のために自分の持てる力をすべて出し尽くし、多くのことをやり遂げた人だった。私心がないこと、つまり自分のためにやっていないことが原動力だ。

それはプロ野球選手も同じだと思っている。「人のために尽くしきれるか」こそが最大のテーマだ。みんな最初は自分のためにプレーする。それがやがて自分を離れて、家族のために、ファンのために、チームのために、そういった気持ちが勝るようになり、気付けば誰かに喜んでもらうということが大きな原動力となっている。

いつかは「ファイターズの野球ってそういう野球だよね」とファンの皆さんに言ってもらえるようになればいいなと思っている。

さて、『論語と算盤』を題材にした秋のミーティングだが、そこで選手たちに配った資料を大幅に加筆修正して次のページから掲載してみた。皆さんにうまく伝わるかどうかはわからないが、選手たちに伝えようとしたことの断片でも感じてもらえたらと思う。

▶01／15

あなたにとって相棒とは？

□ ここでいう相棒とは困ったときや迷ったとき、あなたにヒントをくれる存在です。人でも、物でも、言葉でも構いません。

□ 人であれば家族？　恩師？　友人？　物であればバット？　グラブ？　シューズ？

□ 社会で多くの人に貢献、活躍している人たちに相棒を尋ねたら、みんながその題名をあげる一冊の本がありました。

□ それは人間力を高めるためのヒントがぎっしり詰まった一冊だといいます。

人間力っていったい何？

□ そもそも人間力っていったい何でしょう？

□ ファイターズが貴重な時間を使ってまで、こうして人間力を高めることに力を注いでいるのはなぜでしょう？

□ それは、誰もが成長するためにとても大切なものだから。

□ それは、誰もが絶対的に必要なものであることを知っているから。

例えばこんな場面、あなたならどう考える？

□ 0対1、1点リードされて迎えた5回表の守備、フォアボールとエラー絡みでさらに2点を失いました。

□ 3点を追うその裏の攻撃、フォアボールと2塁打で無死2、3塁のチャンスをつかみます。

□ ベンチからはバッターに任せるというサインが出ています。

□ もちろん思い切って打ってもいいのですが、あなたがバッターならどんなことを考えますか？

より確実に1点を取るためには、どんなアプローチが適切か？

□ とにかく最低でも1点は返しておきたい場面です。

□ では、より確実に1点を取るためには、どんなアプローチが適切なのでしょうか？

□ ここでヒットが出る確率は？　犠牲フライになる確率は？　内野ゴロで1点が入る確率は？

□ そういった選択肢の中から最も確率の高いものを選ぶためには、何を判断材料にしていけばよいのでしょう？

選択肢の中から、最も確率の高いアプローチを選ぶための判断材料は?

- □ ここまでの展開を振り返ると、試合はどんな流れでしたか？
- □ 過去のデータを分析すると、どんな傾向と対策が見えてきますか？
- □ この状況でいま、味方チームはどんな気持ちで、相手チームはどんな気持ちであると想像できますか？
- □ さぁ、この場面で最も確率が高いと思われるアプローチは選べましたか？

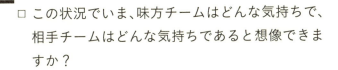

総合的に状況判断するために必要なもの、それが人間力

□ 試合中に起こり得るシチュエーションは何千、何万通りもあり、どんなに記憶力がよくてもそのすべてを暗記することはできません。

□ しかも、状況判断にはケーススタディだけでなく、現場の生の情報を読み取る洞察力も要求されます。

□ それは野球の反復練習では決して身に付きません。

□ そこで必要になるのが、実は人間力なのです。

▶07／15

チームとして成果を出すために、さらに人間力を磨く

□ ほかのことはよく分からないけれど野球だけはできる、というのは思い上がりです。

□ 高いレベルで野球をするには、必ず高い人間力が求められます。

□ そして、チームとして成果を出すためには、みんなの思考の方向性をある程度一定にする必要があります。

□ それには、さらに人間力を磨いていかなければなりません。

人間力を磨く責任が果たせなければ、チームを去らなければいけない

□ もうひとつ、プロ野球選手には人間力を磨かなければならない理由があります。

□ 多くの野球少年に憧れられる存在であり、たくさんのファンに応援してもらい、支えてもらっている立場だからです。

□ 影響力が大きい以上、人間力を磨くことは最低限の責任であり、ある意味それは給料に含まれていると考えなければいけません。

□ それは当然のことであり、それができなければユニフォームを脱ぎ、チームを去らなければいけないと考えてください。

人間力を磨くために、人生の先輩たちの座右の書を開いてみる

□ では、人間力を磨くにはいったいどうすればいいのでしょうか？

□ 図書館の膨大な本の中から、それを学べる教材を見つけだすのは大変な作業です。

□ そんなとき、社会的責任の大きい人生の先輩たちがみんな座右の書にしているという一冊を開いてみてはどうでしょう。

□ それが、『論語と算盤』です。

▶10/15

meeting

図書館に戻りたくなければ、まずひとつでいいから理解できるところを探してみる

- □ そこには、いったいどんなことが書かれているのでしょうか？

- □ 実際に『論語と算盤』を手に取ってみたけど、読みづらいし、まったく意味が分からない………。

- □ でも、それを読みづらい、分からないで捨ててしまってはあまりにもったいない。あなたはまた図書館に戻りますか？

- □ それよりも、まずひとつでいいから理解できる、共感できるところを探してみましょう。

そもそも『論語』とは?

□ 野球選手の場合、ほとんどの人が現役時代と引退後で、異なるふたつの人生を送ることになります。

□ そういった意味でも、できるだけ早くどう生きるべきか、どう振る舞うべきか、自分なりの指針を持ったほうがよいといえるでしょう。

□ 価値観は人それぞれで、選手として進むべき道はこの価値観によって大きく変わってきます。

□ その基本的な教科書が『論語』です。

『論語と算盤』を、『論語と野球』だと思って読んでみる

- □ 侍ジャパンの小久保監督は、「毎日１センチでも遠くへ飛ばせ！」と王さんから言われたことを毎日ひたすら続けたそうです。

- □ 王さん自身はティーバッティングのときから、ほかの意識を持つ練習以外はつねに120％の力でバットを振り続けたそうです。

- □ 長嶋さんはヘルメットの飛ばし方など、自分のイメージを大切にするためか、間違いなく王さんよりもたくさんバットを振ったといいます。

- □ 結局は人としての価値観が、野球選手としての行動を支配するのです。そのヒントが『論語』の中にあります。

□ プロ野球は優勝するために戦うものですが、チームが最下位でも個人成績によっては給料が上がることがあります。

□ それは決して悪いことではありません。ひとつの大切な評価です。

□ ただ、その欲望が暴走してしまっては、野球選手として長くプレーすることの妨げとなってしまう恐れがあります。

□ 欲望の暴走を抑制し、その力をどの方向に向かわせれば最も価値あるものになるのか。そのヒントが『論語』の中にあります。

□『論語と算盤』に、「孝は強うべきものにあらず」とあります。

□ 親が子に孝行しなさいと強いても、かえって不孝の子にさせてしまうと説いています。

□ 野球に置き換えれば、コーチや監督が選手に何かを強制しても、かえってやらない結果を招くことになるといえます。

□ たとえ良かれと思って伝えたことであっても、選手が心から納得して取り組まなければ、成就する可能性は低いということです。

□ 『論語と算盤』に、「それただ忠恕《ちゅうじょ》のみ」とあります。

□ 「忠恕」とは思いやりがある真っ直ぐな心という意味で、それこそが人の歩むべき道にして立身の基礎と説いています。

□ 選手は活躍すればヒーローインタビューを受けられますが、名ジャッジをした審判がお立ち台に上がることはありません。正しくて当たり前で、間違ったときだけ大きくクローズアップされる審判の仕事は、それだけプレッシャーも大きいことでしょう。

□ そんな彼らに対し、どう接し、どう振る舞うべきか、その考え方がしっかりしていれば行動もブレたりしないはずです。

□ 『論語と算盤』に、「論語と算盤は一致すべきものである」とあります。

□ 一見相反して見える道徳と利益は一致するもので、正しい道理の富でなければ、その富は完全に永続することができぬと説いています。

□ プロ野球もファンに楽しみや喜び、生きがいを与え、社会に健全な影響を与える存在でなければ、長くは続きません。

□ 勝つことはもちろん、道徳的にも正しいチームスタイル、プレースタイルでなければ、その使命を果たしているとは言えないのです。

□ 自分が信じるものを踏みつけようとする、正しいことをねじ曲げようとする、そういう者とは戦わなくてはいけないこともあります。

□ ただ、人は正しいことをしようと頑張っていると、知らず知らずのうちに頑固になってしまっていることもあります。

□ その思いが本当に引いてはならないものなのか、それとも自分の頑固さからきているものなのか、その判断がとても大切になってきます。

□ その思考の過程を考える意味でも、うまくこの『論語』の教えを生かすといいでしょう。

←

□ 自分の努力で変えられるもの、向上させられるものには頑張りようがあります。

□ ただ、自分にはどうすることもできない逆境もあります。まずは、それが自分の本分であると受け入れ、覚悟することです。

□ 例えば試合に使ってもらえなかったとき、恨んでみても何も解決はしません。

□ 誰よりも努力をして、結果につながる技術を習得することは大切ですが、それ以上のことは考えても無駄です。そこに労力を使ってしまっては心が荒み、自分らしくなくなってしまいます。

和魂漢才

□ 『論語と算盤』の中で、菅原道真の精神を表したとされる「和《わ》魂漢才《こんかんさい》」という言葉が紹介されています。日本特有の大和魂を根底としつつ、より長い歴史のある中国の文物学問も習得して才芸を養わなければならないという意味です。

□ この言葉をモチーフとして著者の渋沢栄一さんは「士魂商才」を提唱しています。武士的精神が大切なのは言うまでもないが、商才がなければ経済の上からも自滅を招くようになる。士魂にして商才がなければならないという意味です。

□ これを野球に（ファイターズに）置き換えると、どんな言葉になるのでしょうか。

□ 「闘魂智才」、「武魂尽才」、「和魂諦才」……、あなたならどう考えますか？

ファイターズの選手が目指すものとは?

□ 球団がひとつの組織である以上、人として大切な価値観や道徳観は全員に備わっていなければなりません。

□ 何事も誠実さを基準とすることをみんなが学び、組織にひとつの方向性をもたらすための教科書として『論語』が必要なのです。

□ ただこれから教科書を開くまでもなく、この話をここまで聞いてきただけで、なんとなく大切なことが分かり始めているのではないでしょうか。

□ そういった発想こそがまさにファイターズが目指すものなのです。

『論語』に学ぶ、プロ野球の世界で活躍するために必要なもの

□ 戦う気持ち、極端ですが、死ぬ思いでやる覚悟はありますか？

□ 相手を思いやりながら、正々堂々と立ち向かう姿勢はありますか？

□ ただがむしゃらにやるだけでなく、より効率的で、より理にかなうものはありますか？

□ それをやり尽くす強さ、思い、そしてできるまで諦めない気持ちはありますか？

ミーティングで若い選手たちに伝えた『論語』の話は、やはり彼らには少し難解だったかもしれない。でも、知らないことを学ばなければ人は成長できない。自分が知っていることを人に話すより、知らないことを人から聞いたほうが絶対にプラスになる。

勉強しようとは思わなくてもいい。そう思うと、なかなか続かないので。それよりも自分がどうなりたいのかを具体的にイメージすること。すなわちそれが志を持つということ。そういう人になりたいという思いをより強く、よりはっきりさせれば、自然と勉強するようになるはずだ。本当にそうなりたいんだったら、勉強しなきゃおかしいから。

そもそも勉強という言葉がよくないのかもしれない。要するに成長するための食事をたくさん摂りましょう、ということだ。本を読むという行為は脳の食事みたいなもので、たくさん食べないと、脳に栄養が行き届かなくなってしまう。特に若いうちは、こっちの食事もモリモリ食べたほうがいい。

あとがき

なぜこの時代に、なぜ監督という仕事に就かされたのか

現役時代、選手としての自分は494試合しか出場していない。それが監督としては、ポストシーズンも含めるとすでに600試合以上を戦ってきたことになる。引退した25年前、こんなことが現実になるなんていったい誰が想像しただろうか。

まえがきで「いつの世も、時代に人が選ばれていく」ということを書かせてもらった。では、もし自分自身もそうだとするならば、いったいなぜこの時代に、なぜ監督という仕事に就かされたのだろう。それは監督の在り方、もっといえばプロ野球の在り方が、ちょうど見直されなければならない時期にきていたからかもしれない。

野球を専門的に学んできたという意味では、プロのOBからアマチュアの指導者まで含めれば、それこそ数えきれないほどいるはずだ。しかし、その中でプロ野球の監督やコーチの候補に名前が挙げられるのは、ほんのひと握りもいない、ひとつまみほどだと思われる。少なくともこれまではそうだった。それは名前や実績がもたらす説得力、あるいは求

心力を重視する傾向が強かったからだ。

だが、これからはその選択肢も広がってくるのではないかと密かに期待している。新人選手獲得のために行われるドラフト会議では、毎年のように他球団はノーマークという状況で指名される「隠し玉」が話題にのぼるが、同じように監督やコーチに「隠し玉」がいてもいいように思う。各球団がチーム事情に応じて強化に必要な人材を見つけてくる。それが異ジャンルのエキスパートでも面白い。

そういった変革のきっかけのひとつとして時代に選ばれたのが自分だったとすれば、それは素直に受け入れられる。そう考えると1年目、選手たちのおかげでいきなり優勝監督にさせてもらったのも天の配剤だったのかもしれない。

誰よりも監督が熱く、必死に

2015年、クライマックスシリーズで敗退した翌週、来年もチームの指揮を執らせていただくことが正式に決まった。ファイターズは3年続けて優勝を逃してきたわけだが、自分から身を退くことは考えていなかった。責任をとることと監督の座を辞することはイコールではない。いったん身を預けた以上、自分に関する判断はすべて球団に委ね、それを受け入れ、まっとうすることでしか責任は果たせない、そう考えているからだ。いま自分がやるべきことは、またもう1年、最後の最後まで選手のため、チームのために全力を出し尽くすことだけだ。

そして、それをまっとうするためにも、いま一度自分自身に厳しく課さなければならないことがある。それは「1年目よりも熱く、必死に」ということだ。

数年同じチームにいると、選手のデータや人となりといったことがひと通りわかってくる。そういうものを一回すべて断ち切って、もっと単純にこの選手をなんとかしてやろうという気持ちにならないと、さらなる成長はなかなか望めない。

長く続けることの弊害のひとつである「慣れ」をどう消すか。耳にタコができるくらい、自分自身に「慣れるな」って言い続けなきゃいけない。

本来は野球も確率のスポーツなので、熱さや必死さなんて関係なく、一番確率の高いものを求められるのがいい監督なんだと思う。でも、自分の性格としてはそれくらい入り込んでしまったほうが、つねに勝負感をもって攻めまくれる。

つねに新陳代謝を繰り返すファイターズは、既存の戦力の足し算で優勝を狙うチームではない。若手の成長だったり、魂のプラスアルファでそれを引き寄せてくる。それを生み出すためには、まずは自分が冷静になり過ぎていたら話にならないということだ。

熱くなって間違えるのは攻めの姿勢だからまだ納得がいくが、冷めた状態で間違えるとどこか他人事《ひとごと》な感じになってしまう。それは自分らしくない。みんなにどんなイメージを持たれているかはわからないが、熱く燃えていなかったら栗山英樹らしくないのだ。だから監督をやっている以上、絶対にそれだけは失ってはいけない。

未徹在《みてつざい》　「組織《そしき》のなかのリーダー」の在《あ》り方《かた》

著者　　栗山《くりやま》 英樹《ひでき》

2015年11月30日　初版第一刷発行

構成　　伊藤滋之(タイズブリック)
協力　　北海道日本ハムファイターズ
　　　　タイズブリック
写真　　高須力
　　　　時事通信(口絵P2)
装丁　　mashroom design
校正　　玄冬書林

発行者　　栗原武夫
発行所　　KKベストセラーズ
　　　　東京都豊島区南大塚二丁目二十九番七号
　　　　〒170-8457
　　　　電話　03-5976-9121(代表)
印刷所　　錦明印刷
製本所　　ナショナル製本
DTP　　三協美術

ISBN978-4-584-13686-7 C0095